美ボディ“ヴィーナスバイブル”メソッド

DVDつき

美容彫刻家
片山マイコ

美しい
ボディラインを
1日3分の
「ワーク」で作る

CONTENTS

“ヴィーナスバイブル”

『ヴィーナスバイブル』では、
気になる部分や
コンプレックスに感じている部分に
瞬時で変化を起こしていく、
ヴィーナスメソッドを
お伝えいたします。
日常の生活シーンの
合間にも行えますので、
楽しみながら
きれいになってください。

片山マイコ

山野美容学校卒。美容師からビューティーセラピストに転身。多様なセオリーや技術を学んで融合させたメソッドにヒーリングワークを加えた“美と癒しの施術”を実践し、その効果が多くの女性の心をつかんで評判となる。女優や有名人が足繁く通う代官山のサロン「ELYSIAN.」を拠点として、美への強い思いを原動力に化粧品の開発や講座など多岐にわたり活動中。

ヴィーナス
メソッドとは？

簡単なケアで、
隠れていた美しさを瞬時に引き出す。
彫刻するように体を立体的に作っていく。

「ヴィーナスメソッド」とは、
自分で行うボディバランシングと
ボディメーキングによって
あなたが本来持っていた美しさ、
若さを取り戻す再生のケアなのです。

美しくなれるのは
限られた人だけではありません。
どなたでも、ご自分が本来持っている美しさを
引き出すことができるのです。
それはボディラインを再生することであると同時に、
自分を豊かに潤し、魂を輝かせるということです。
ほかの人とは違う、あなたらしく美しいボディを
ぜひご一緒に作っていきましょう。

あなただけの美しいボディへ

このメソッドは、日常生活のちょっとした合間に
さっと行うことができます。
朝めざめたベッドの中で、仕事の合間に、お風呂上がりに。
ほんの数分を、毎日毎日続けてください。

しばらくすると誰の目にも
わかるほど変化が生じます。

その変化に喜びを感じることが、
がんばって続ける力になっていきます。
そして気がつけば、思い描いた美しさが
定着していることでしょう。

現代に生きる私たちは
多くのストレスにさらされています。
そんな中で、いつも魂をクリアにして
穏やかな心で過ごすことは
美しくあるためにとても大切なことです。

みなさんに、顔や体だけでなく、
魂から輝く女神のような美しさを
身につけていただくことが私の願いです。

ヴィーナスメソッドがめざすもの

「美しいボディ」と聞いて、みなさんはどんな体を、
どんなラインを想像されるでしょうか?
私がめざす「美しいボディ」とは、
正面からだけでなくどの方向から見ても美しい、
メリハリのある立体的な体です。
そんな体を作るために大切なのは、
自分の理想のウエストや脚を具体的に思い浮かべながら、
彫刻するようなイメージでそのラインを体に刻んでいくこと。
同時に、滞っていたリンパを流してむくみを解消し、
スッキリとさせていくことです。

立体的な体

　ふだん鏡で自分を見ているときは正面か側面しか見ていませんが、実際には斜め後ろや後ろ姿も人には見られています。正面から見たらきれいでも横から見たら平べったい……では健康的で女性らしい体とはいえないように思います。美しい体とは、立体的であること。そして細いだけでなくメリハリがあることも重要です。

　たとえばウエストの「くびれ」。これは多くの女性の憧れですね。しかし単にくびれているだけでなく、胴が立体感のある円柱形で、そこにくびれがあればいっそう魅力的になりますし、さらにくびれの位置を高くすれば全身のバランスもよくなります。もちろんこのメソッドによって大きな骨格を変えることはできません。しかし肉を削ることはできます。あるいはわきや背中のお肉を胸に持ってくる、ふくらはぎの位置を高くするなど、お肉を移動して理想のラインに近づけていくこともできるのです。さらに繰り返し毎日ケアを行うことによって、そのラインを定着させることも。

　意識すべきは立体とメリハリ。美しい体を作るために、これをよく心に刻んでおいていただきたいと思います。

リンパを流す

　血液は心臓がポンプの役目をはたして全身をめぐります。ところがリンパ液はもともと流れが遅く、いろいろな原因から体に負担がかかっている人はもっと流れにくい状態になっており、それがむくみや肥大化の要因になります。その流れにくくなったリンパ液を手技によってスムーズにしていこうというのが、ヴィーナスメソッドの根幹

彫刻するように

このメソッドの特徴は、「彫刻するようなイメージで理想のラインを体に刻んでいく」というものです。

実際に彫刻家が木彫をするときにイメージするのは、木を少しずつ削って形を作っていくのではなく、大きな原木から不要な部分をとり去っていき、思い描いていた形を表現する。いいかえると、隠れていたものをとり出すような感覚だといいます。それほど人間のイメージする力は強いのです。ですからみなさんも、ぜひご自分の理想の腕や脚をしっかりと思い描いてください。そしてご自分の体に隠れているラインを削り出すようなイメージでワークを行っていただきたいのです。

再び彫刻家の話に戻りますが、木彫の場合、当然素材の木目を意識して作らなければなりません。木目に逆らって無理やり作ろうとしてもうまくいかない。1本1本の木の木目を読み、その木の特質を生かしてこそ初めてよい作品が仕上がるのだということを聞きました。これはご自分の体を作るにあたっても参考になるお話だと思っています。

体のどのパーツで、どんなイメージをして形をつけていくか、もう少し具体的にお話ししましょう。たとえばひざ下ですと、足首をキュッと引きしめ、ふくらはぎの盛り上がりの位置を少し高めに仕上げていく。特に足首から10㎝上にかけては老廃物がたまりやすくむくみやすいので、この部位をよく流すこと。バストはデコルテの高い位置に盛り上げ、わきの方向に流れないよう、また姿勢がよくなるようなイメージをしながら行うこと。などなど各パーツにはそれぞれのポイントがあります。

このあとご紹介するワークの章では、それらのポイントをおさえながら詳しく工程を解説していきますので、ぜひ楽しみながら「彫刻」をしていってください。

となる考えです。リンパの流れがよくなれば健康にも美容にも効果が出て顔も体もスッキリとし、ご自分も軽く心地よい感じが得られるようになります。このあとご紹介していく具体的なワークも、すべては「リンパを流す」ことが基本になっています。

聞いたことがある方も多いと思いますが、リンパを流すこと、またその手法をリンパドレナージュともいいます。基本的には軽いタッチでリンパが流れやすいようにサポートしていく手法です。ただつまりすぎているような状態になっていますと、なでる程度の力では効果が期待できません。しかし定期的にケアを行っていれば下地ができあがりますので、太ももなどでもなでるように流しただけで細くなっていきます。理想的なケアをイメージでいいますと、水の出の悪いときにホースをグッと押さえていくと水の勢いが増してくる、あの感じとでもいいましょうか。要所要所を、ご自分が気持ちいいと思われるくらいの力かげんで押さえるケアを繰り返し行っていけば、リンパの流れはよくなり、むくみ体質からも脱却できると感じています。

VENUS METHOD

ヴィーナスメソッド

リンパを流す 基本となる 5つの手法

どんな人でも加齢により体型が変化し、また緊張・ストレス・血行の悪さなどから体の各パーツに縮みが生じます。その縮みを解消していくだけでもボディラインがスッキリし、バランスがよくなります。ヴィーナスメソッドとは、具体的にはご自分の手を使って彫刻するようにラインを整え、同時にリンパを流してむくみを解消。立体感のある女性らしい体をめざします。

　また自分の理想の腕や脚をしっかり思い描いて、それに近づけるようイメージしながら行うことも大切です。彫刻家が彫刻するとき、強いイメージの力で思い通りの形を作り出していくように、このメソッドにおいてもイメージすることが効果をより高めると考えています。基本となるのは立体を意識した5つの手法です。まずこの5つをしっかりと覚えてください。

肉割り

肉割りの手の形

5つの基本手法
1
肉割り

縦の線で
固まっている部位を
細かくほぐす。

両手を縦のラインに並べておき、それぞれを逆方向に動かして、流れが悪くなり固まっている肉・部位をほぐします。たとえば**ウエストの高い位置で肉割りしてくびれを作り、バランスのよいプロポーションに近づける、**ひざのまわりの肉を落としてスッキリさせるなどの使い方をします。肉の厚い部分は力強く行いましょう。なお両手を使う手法ですので自分の二の腕には行えないため、かわりにねじっていく手法を使います。

5つの基本手法
2
かんな削り

かんな削り

手をグーの形にして削っていくイメージで動かす。

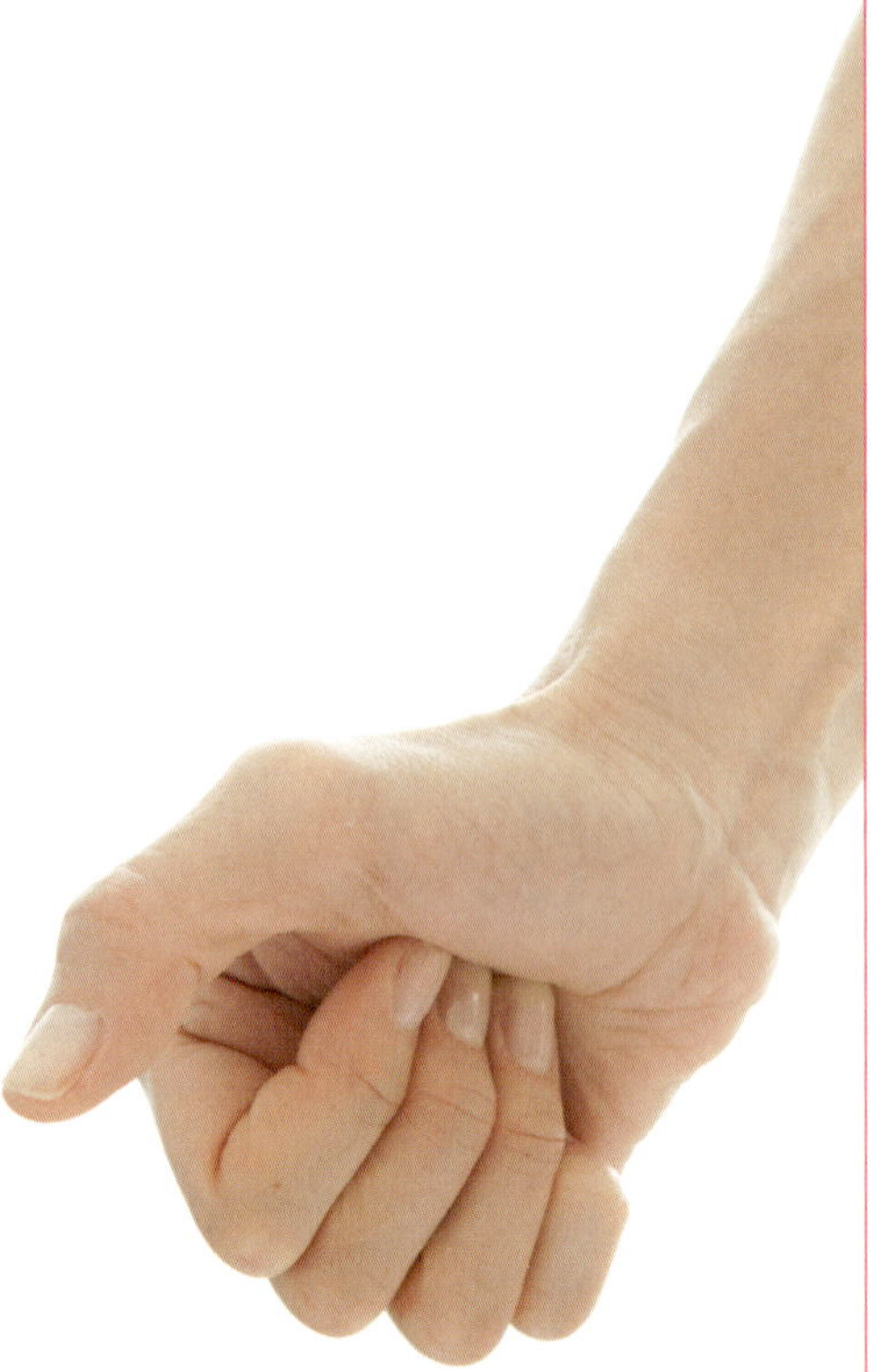

かんな削りの手の形

グーの形にした手の肉球（親指のつけ根）と第2関節を使って、肉を削っていくイメージで動かします。この手法で大切なのは、なりたい形をしっかりとイメージしながら行うことです。**メリハリのある脚、くびれのあるウエスト、スッキリした二の腕。**ほどよい力でかんな削りをして、理想のラインを作り出していきましょう。

包みこみ

5つの基本手法
3
包みこみ

親指を力強く
骨の側面に
入れこむように動かす。

包みこみの手の形

親指と残り４本の指で肉をはさむようにつかみ、親指をぐっと内側に入れこみます。肉がつきやすいところや肥大化しやすいところ、だぶつきやすいところ、つまり**ふくらはぎ、太もも、二の腕、腹部などをほっそりさせ、**きゅっと引きしまったラインを作ることを目的にしています。力を入れて行いましょう。

5つの基本手法
4
水路

水路

親指を力強く入れこみ、
水路を作るイメージで
リンパを流す道を作る。

ひとさし指と親指で肉をはさみ、親指でしっかりと肉を内側に入れこんでいく手法。**二の腕や太ももなど肉の多い部位に使います。**水路を作ってリンパを流すことで老廃物も流れてむくみが解消、スッキリとしたラインを取り戻します。定期的に行うことでだんだんと流れやすい下地ができ、むくみの解消も容易になっていきますので、気がついたときにさっと行うようにするとよいでしょう。十分に力を入れて行ってください。

水路の手の形

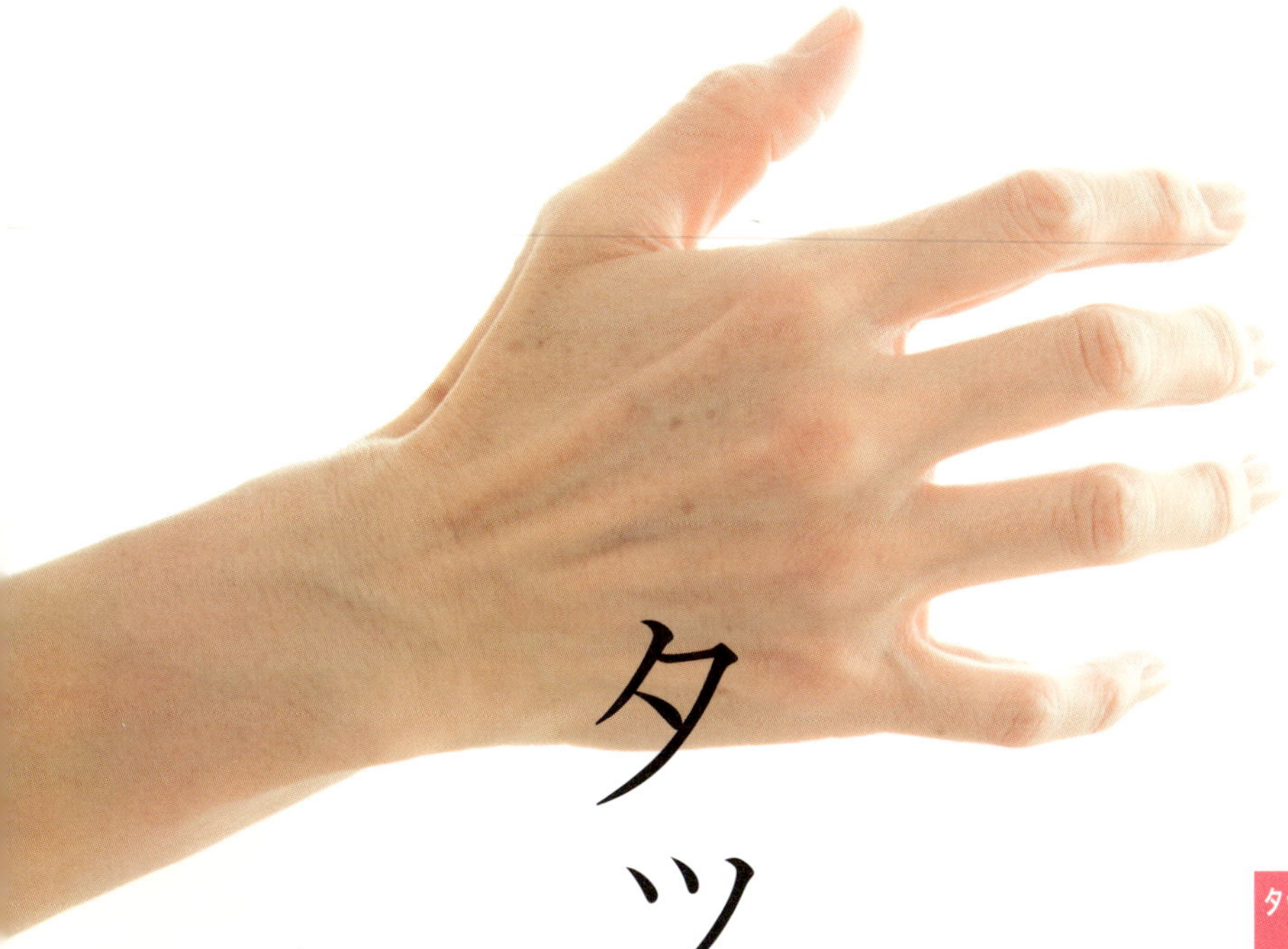

5つの基本手法
5
タッピング

タッピング

軽いタッチで ピアノを弾くように リズミカルに指を動かす。

タッピングの手の形

5本の指を軽やかに動かし骨の緊張をとってリラックスさせる手法で、**肋骨や鎖骨など肉の薄い部位で使います。**骨の緊張をそのままにしておくと筋膜と内臓の癒着につながり、へばりついたような状態になることがありますが、この手法で骨の緊張をとると、**骨格が整って美しさも増していきます。**横から見て体が薄い人は肋骨をタッピングすることで少し厚みが出ますし、肋骨の骨と骨の間が狭い人にはタッピングで肋骨の形を整えていくことをおすすめします。なお軽やかなタッピングは骨をリラックスさせますが、強い刺激は逆にストレスになるので注意してください。

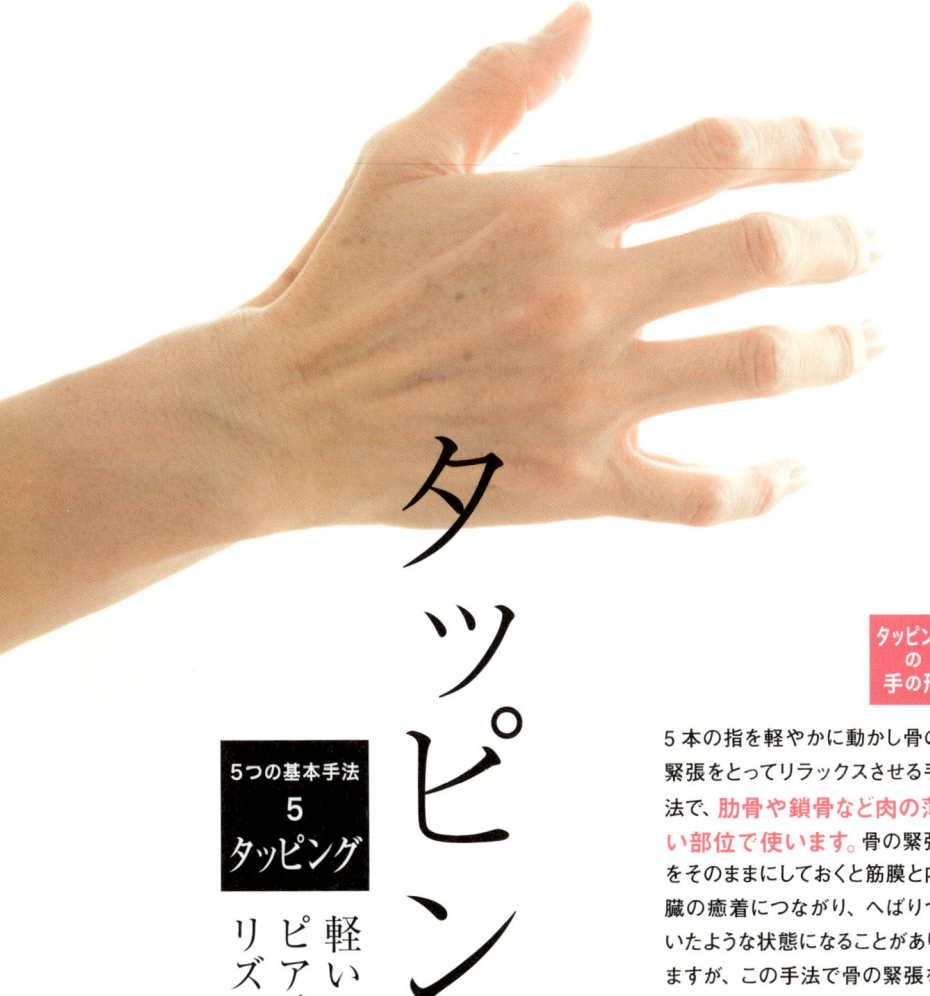

リンパの流れを知る

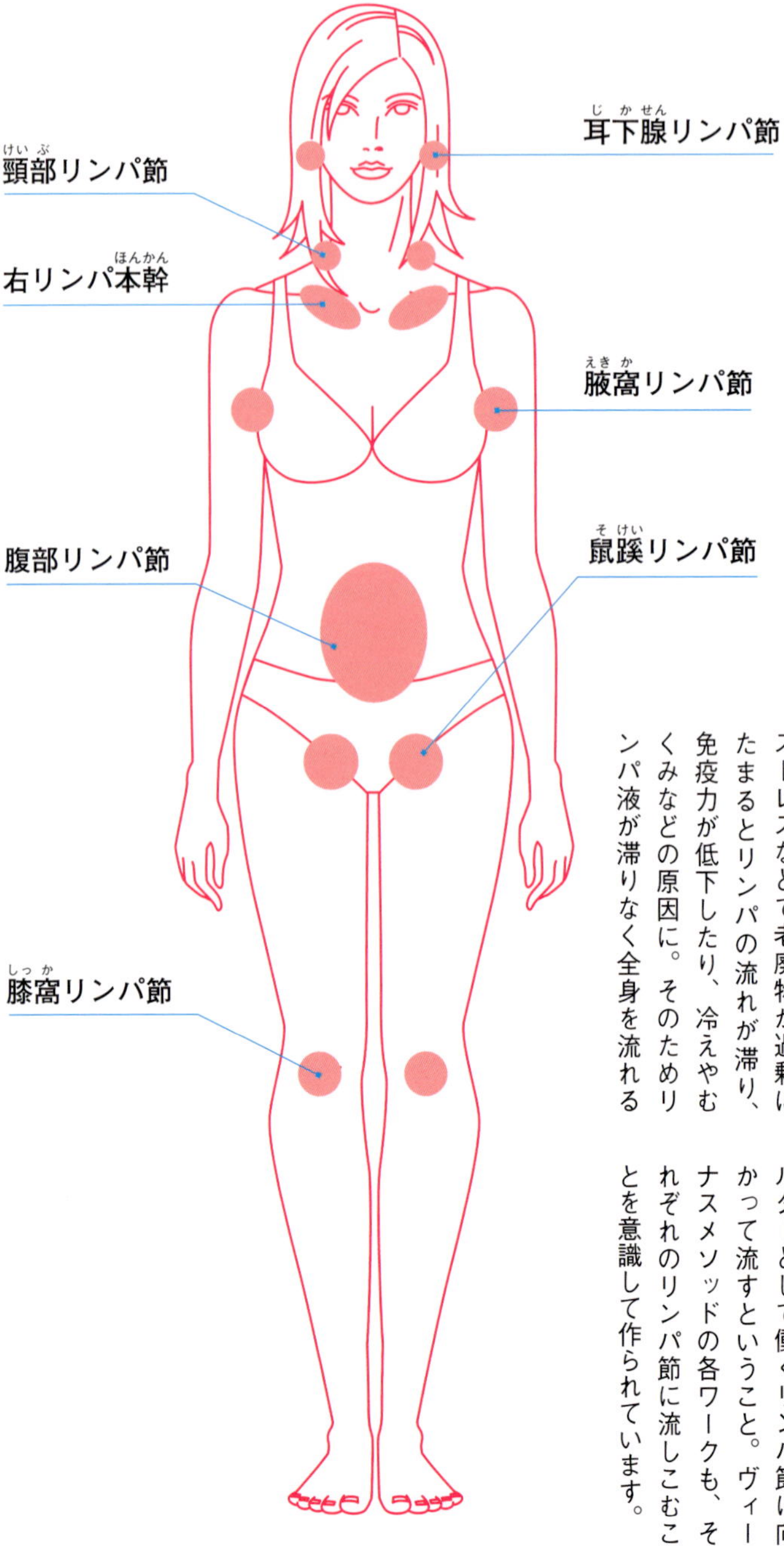

リンパ管は、全身に網の目のように張りめぐらされています。その中を流れているリンパ液が体内の老廃物などを回収してろ過し、静脈に合流。最終的には体外に排出します。運動不足やストレスなどで老廃物が過剰にたまるとリンパの流れが滞り、免疫力が低下したり、冷えやむくみなどの原因に。そのためリンパ液が滞りなく全身を流れるようマッサージなどでサポートすることが、美と健康を保つカギになると考えられています。そしてリンパの流れを促す際に大切なのは、リンパ管のところどころにあり、リンパ液のフィルターとして働くリンパ節に向かって流すということ。ヴィーナスメソッドの各ワークも、それぞれのリンパ節に流しこむことを意識して作られています。

鏡の前でボディチェック

お風呂上がりや寝る前などに、大きな鏡の前に立って全身をよく見てみましょう。各パーツの形や位置、左右非対称になっていないかなどを細かくチェック。気になるところが見つかったら、そこをまずしっかりと意識し、ケアしてください。毎日鏡を見て自分の体の状態を認識することで、体に対する意識が上がり、美しくなるための努力に向かうことができます。

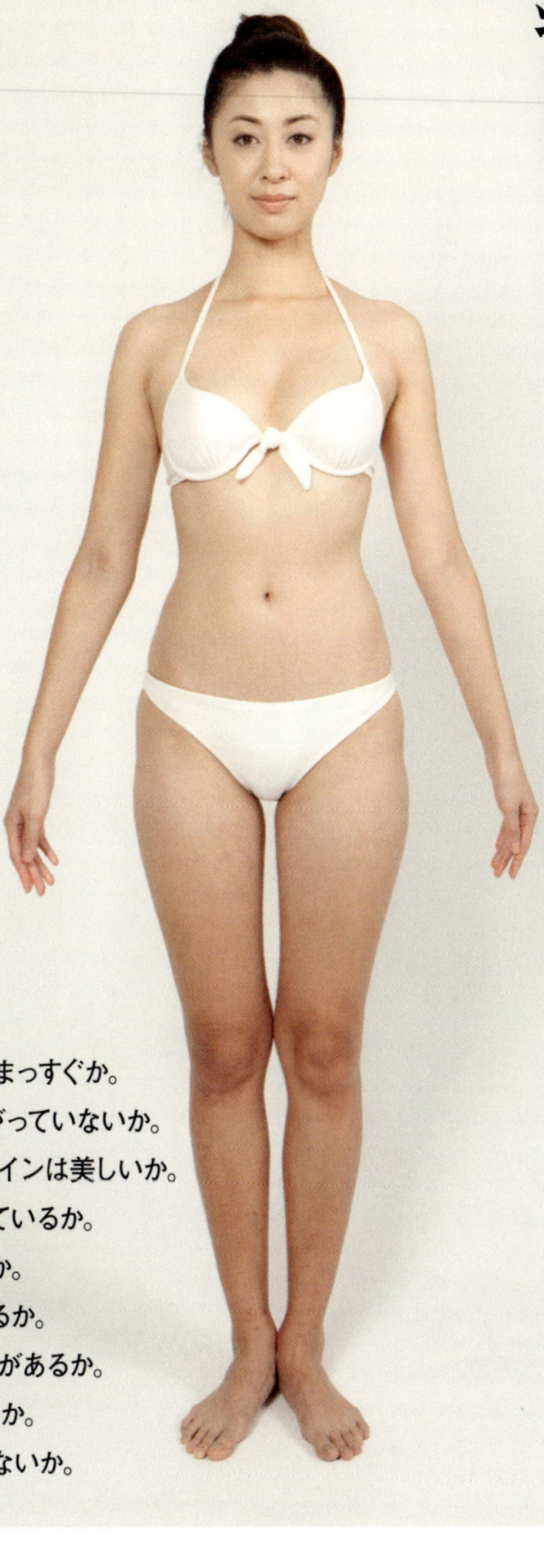

チェックポイント

- ☐ 肩の左右の高さは同じか。
- ☐ 鎖骨の形は肩に向かってまっすぐか。
- ☐ バストの位置は高く、広がっていないか。
- ☐ ウエストの位置は高く、ラインは美しいか。
- ☐ ヒップの位置・形は整っているか。
- ☐ 二の腕はたるんでいないか。
- ☐ 両脚はまっすぐ伸びているか。
- ☐ ふくらはぎの形にメリハリがあるか。
- ☐ 太ももは引きしまっているか。
- ☐ ひざの上に肉がついていないか。

さぁ、準備を始めましょう。

始める前の準備
骨盤
を整える

1 床にあおむけになって寝転び、手を広げる。お尻と腰を右にひねって元に戻す。

2 次に、お尻と腰を左にひねって元に戻す。この金魚運動を10回ずつ行う。

3 腰を浮かせて、トンッと落とす運動を２回行う。

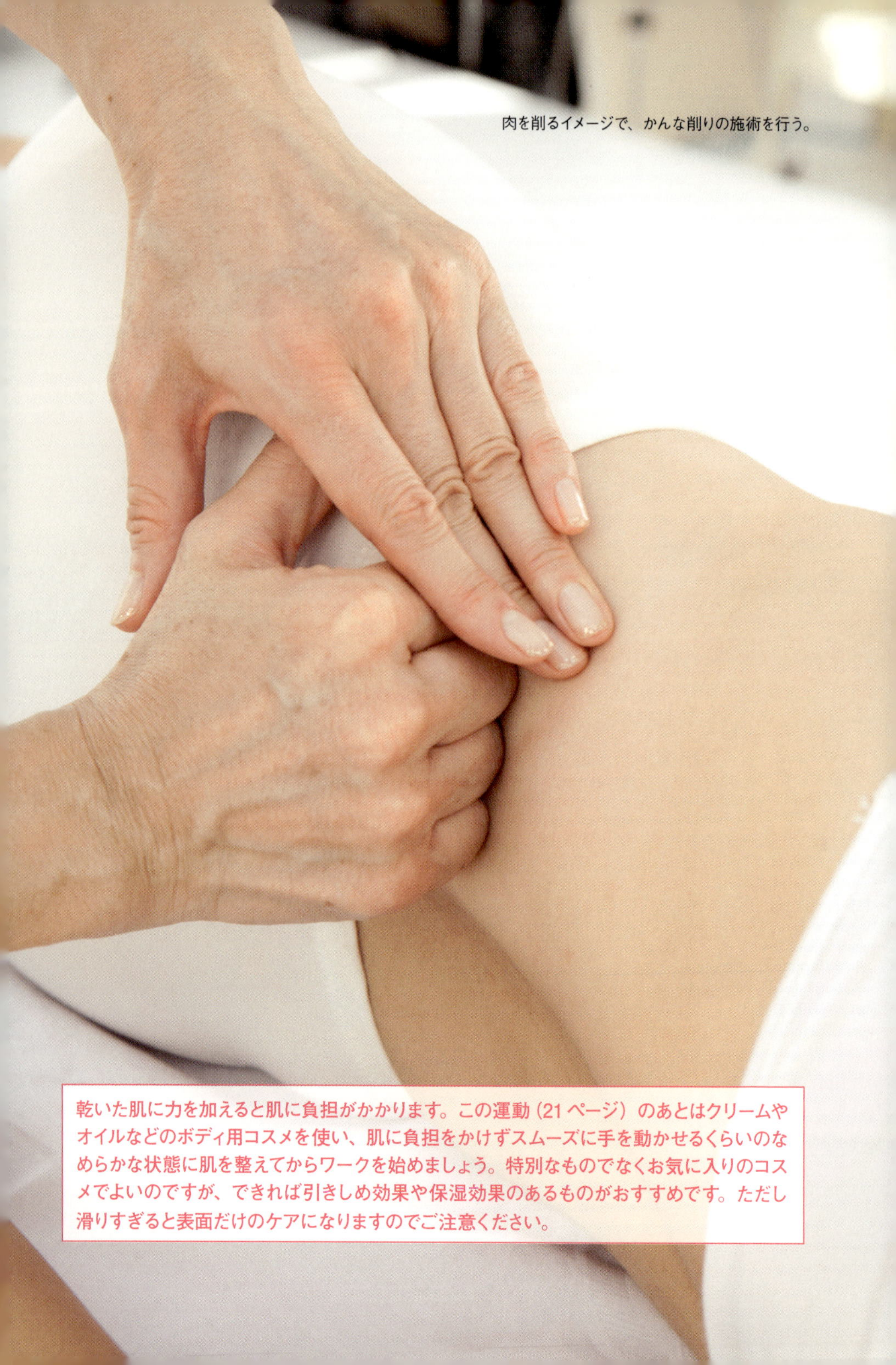

肉を削るイメージで、かんな削りの施術を行う。

乾いた肌に力を加えると肌に負担がかかります。この運動（21ページ）のあとはクリームやオイルなどのボディ用コスメを使い、肌に負担をかけずスムーズに手を動かせるくらいのなめらかな状態に肌を整えてからワークを始めましょう。特別なものでなくお気に入りのコスメでよいのですが、できれば引きしめ効果や保湿効果のあるものがおすすめです。ただし滑りすぎると表面だけのケアになりますのでご注意ください。

毎日3分の
ワークを続けて
理想のボディラインを定着させる

★数分ずつ毎日続けてください。
★全工程ではなく気になる部分だけを行っても効果があります。
★指で表面をなぞるのではなく、深いところを意識しながら行いましょう。
★力を入れすぎないよう注意してください。

work 1

バストを立体的に盛り上げる

バストを引き上げ、周囲の肉を集めて美しく盛り上がったバストを作る。

周囲の肉をバストに集める前に肉が移動しやすいようまず体側面のリンパを流す。

1 親指を体の後ろ、他の４本を体の前にして腰の部位に手をおく。鼠蹊部の方向に流すように手を前後させる動きをして腰骨のリンパを流す。

2 20回30秒ほど行う。反対側も同様に行う。

3 そのまま腕を上げてわきのラインを伸ばしながら、反対側の手で側面の肋骨のまわりを押さえてゆっくりとしたらせんの動きで手をおろしながら滑らせ、肋骨のきわの部位を内側に入れこむ。

4 3を20回繰り返す。表面をなぞるだけでなく、骨格を意識してしっかりと入れこんでいく。反対側も同様に行う。

次にバストの周囲をほぐして リンパを流し、 疲労物質を流していく。

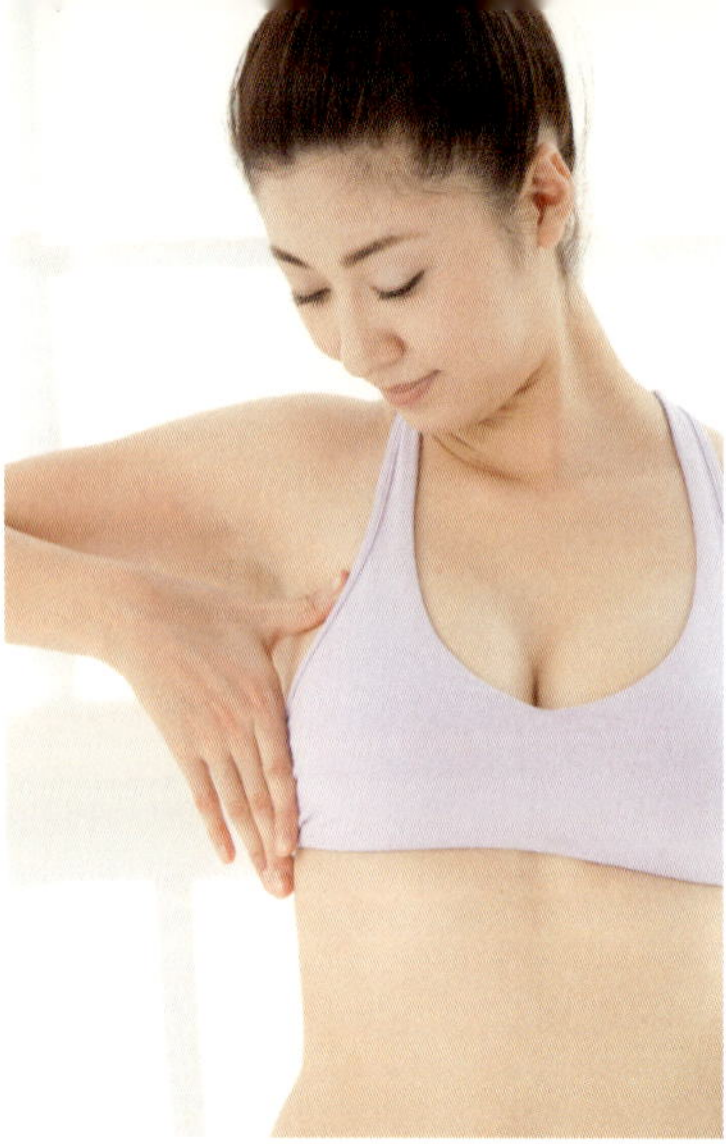

1 バストの横を、上から下へ5回程度こするようにする。

2 続けてバストの下を、外側から内側に5回程度こするようにする。

3 次にバストとバストの間を、下から上に5回程度こするようにする。

4 最後にバストの上を内側から外側に5回程度こするようにする。このようにバストの周囲をこすりながら移動し、疲労物質をはがしリンパを流していく。3周行う。反対側も同様に。

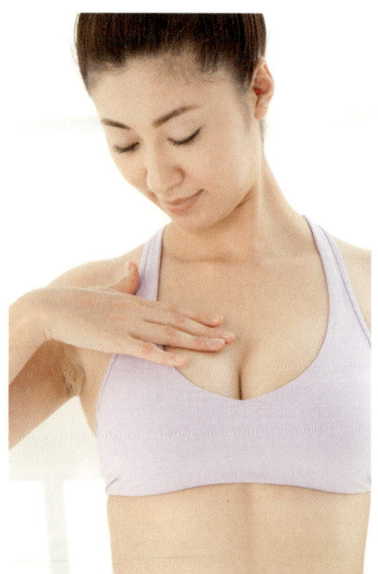

肋骨をタッピングして
骨をリラックスさせる。
これだけですでに
バストが盛り上がる効果が。

1 肋骨から胸までタッピングしながら上がっていき、十分に骨をリラックスさせる。緊張やストレスで萎縮し固まりがちな肋骨をほぐすことで、呼吸もラクになる。

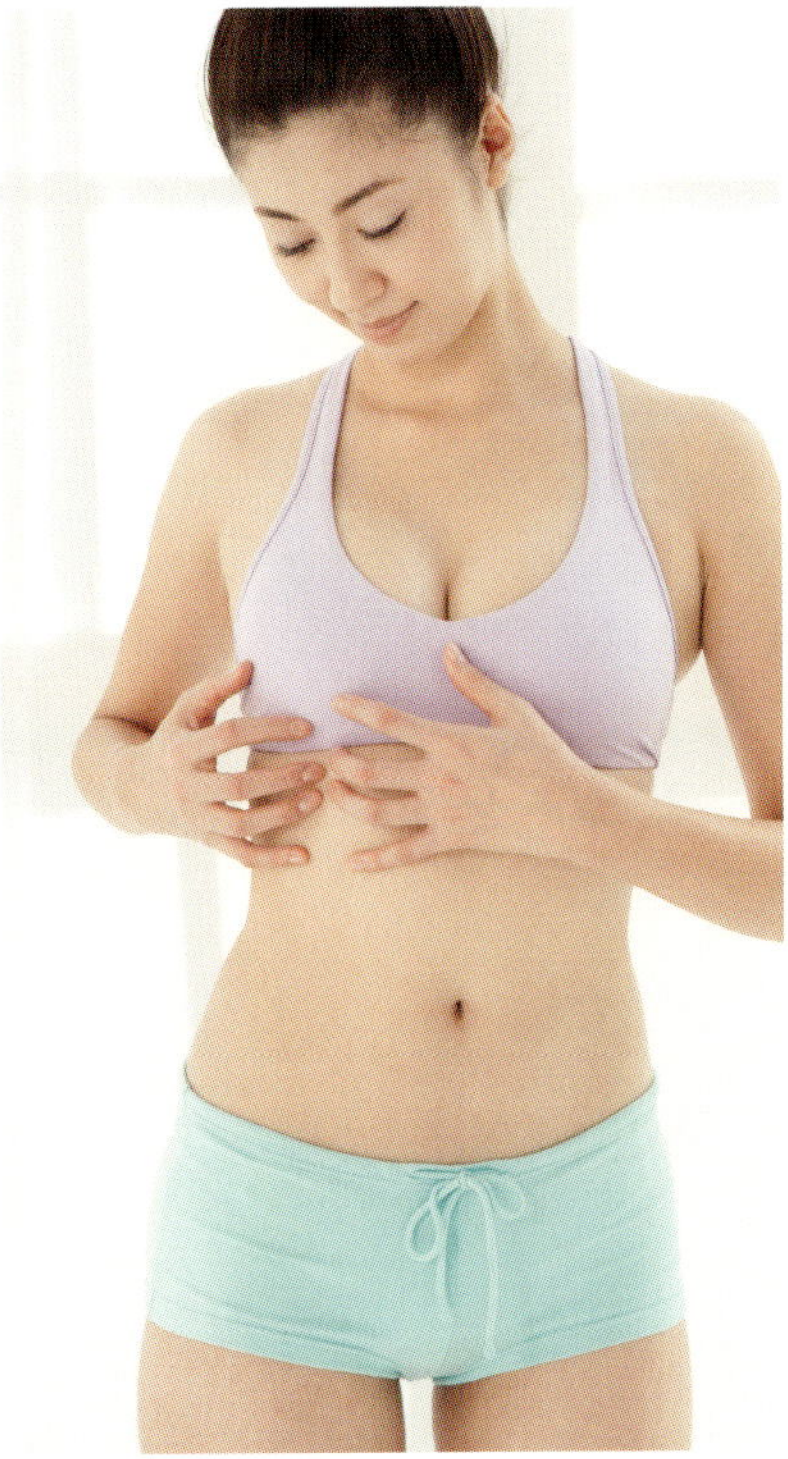

2 タッピングしながら胸の上まで上がっていく。その際、あくまでも心地よい程度の力で軽やかにタップするのがポイント。強くたたきすぎると逆にストレスになるので注意してください。

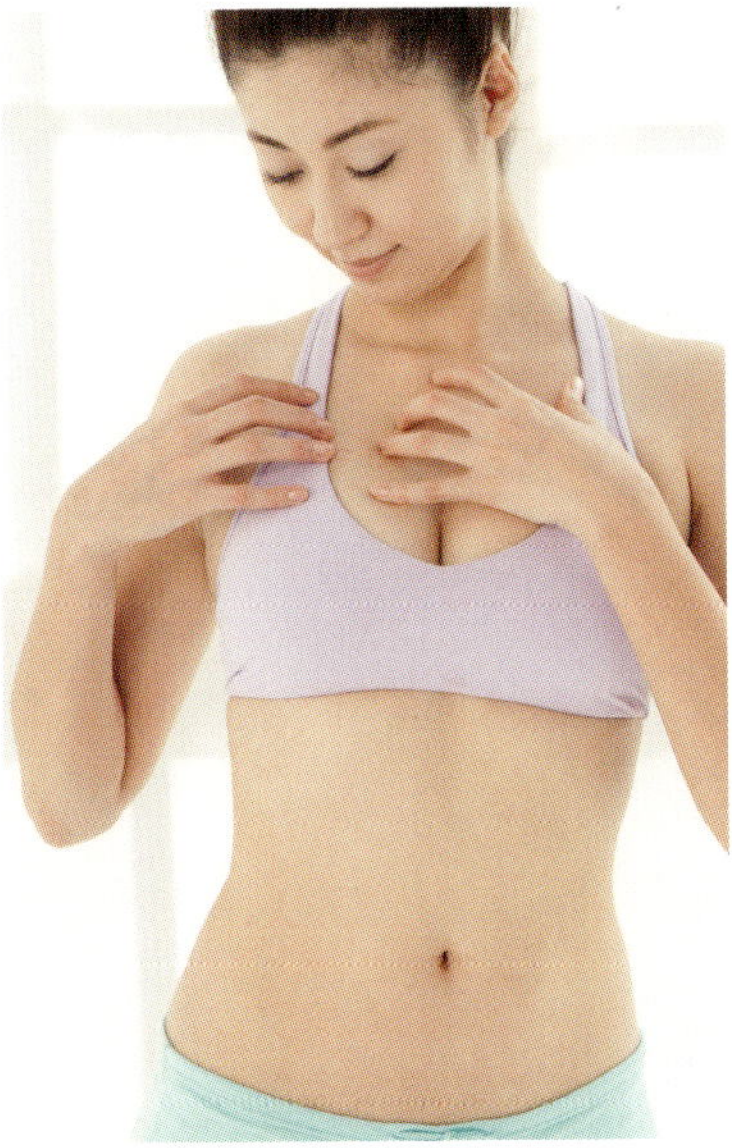

3 3～4回繰り返す。
反対側も同様に行う。

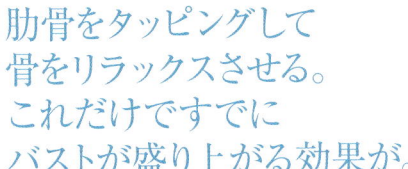

いよいよバストアップ&ボリュームアップ。最初に、おなかのぜい肉を集める。

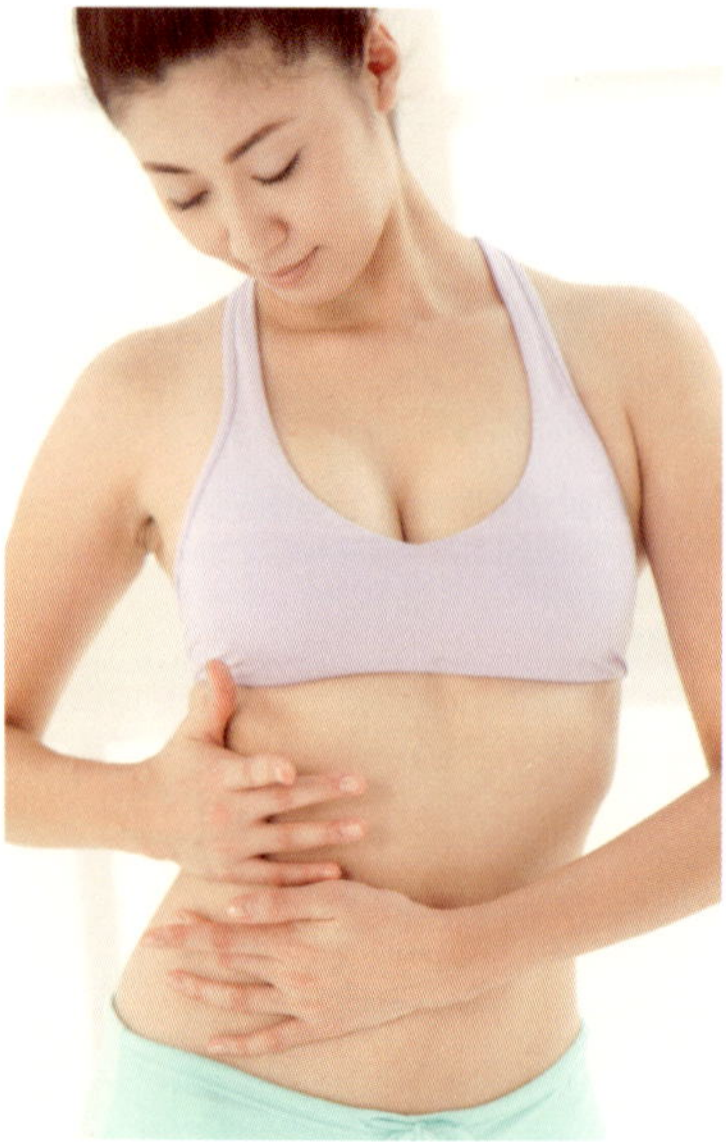

1 おなかまわりからバストの方向にお肉を寄せて、しっかりと固定する。

2 手を入れかえて、反対側の肩先方向に上げていくイメージで力を入れて持ち上げる。

3 5回繰り返す。反対側も同様に行う。

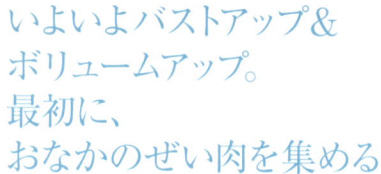

次に背中の肉も前に送って、ふっくらと盛り上がった美しいバストが完成。

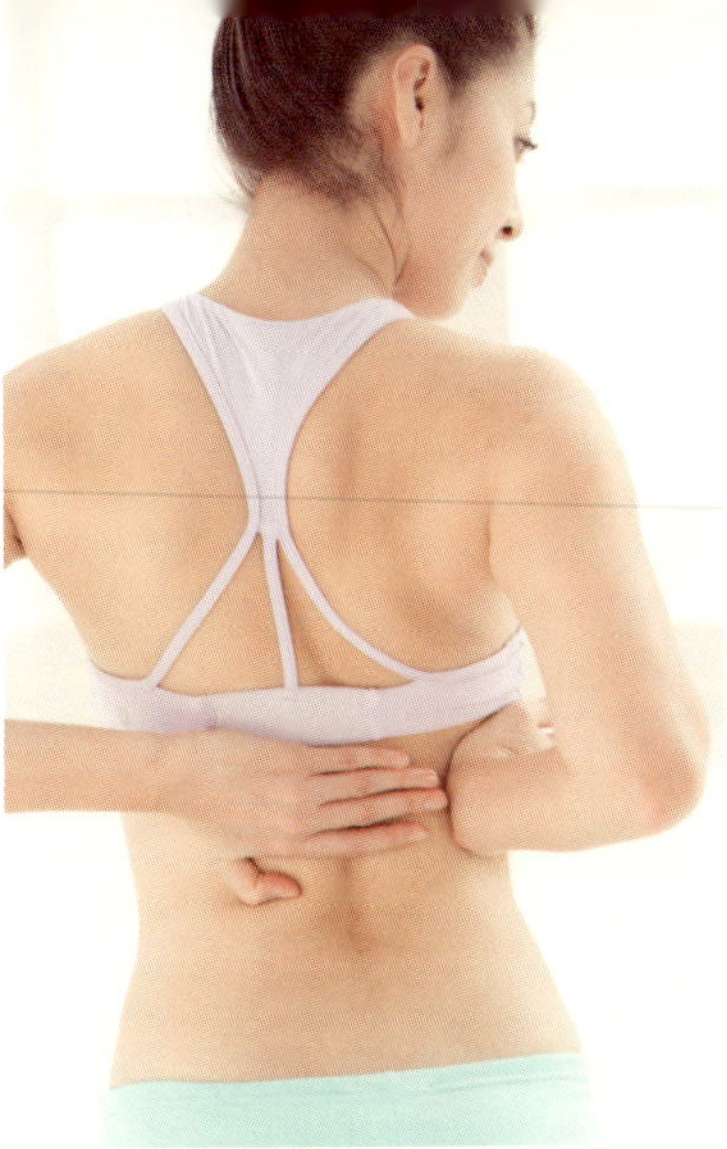

1 一方の手で背中から送ってきたお肉を、手のつけ根を使ってしっかりと固定する。

2 手を入れかえて、反対側の肩先方向に上げていくイメージで力を入れて持ち上げる。

3 バストは上からつぶさないように、肩先にアップするイメージを大切に。

4 5回繰り返す。反対側も同様に行う。

work 2

魅惑的なくびれを高い位置に作る

ウエストのくびれを高い位置から
シェイプ。円柱形を
イメージして立体的に仕上げる。

高い位置にウエストを作って
全身バランスをよくし、
わき側面を円柱形に近づけて
立体感を出す。

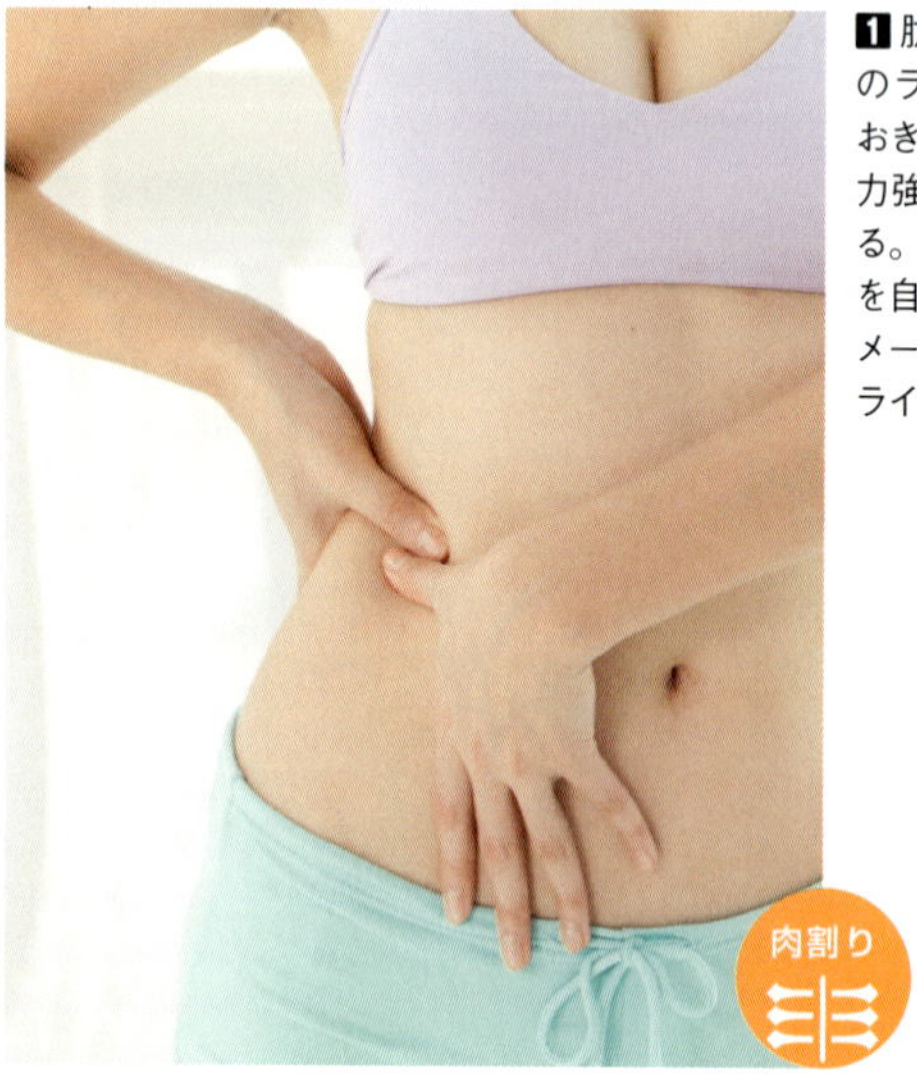

1 肋骨の一番下の横隔膜のラインに両手の親指をおき、それぞれを逆方向に力強く動かして肉割りをする。理想のウエスト位置を自分で作ることを強くイメージしながら、ウエストラインに肉割りをしていく。

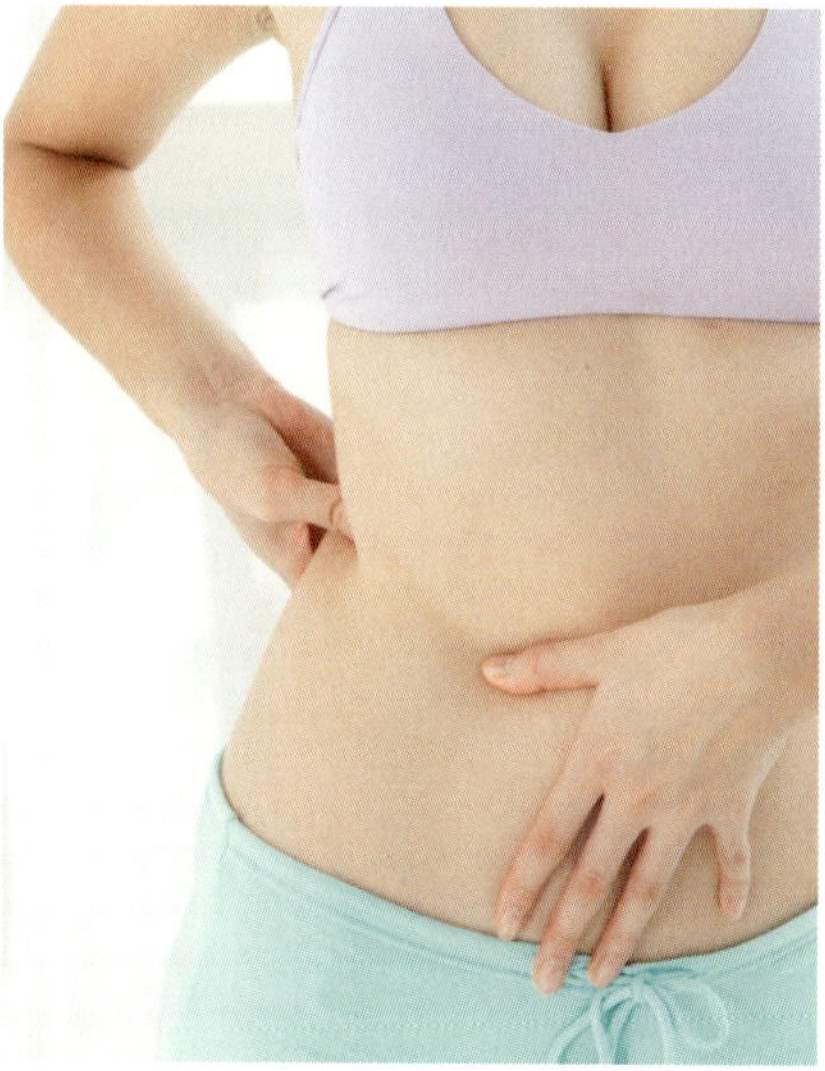

2 力強く20回繰り返す。
反対側も同様に行う。

老廃物を流し、
ウエストラインを
くっきりスッキリさせる。

かんな削り

1 手の形をグーにして、手のつけ根を使ってウエストからおなかを通り反対側の脚の鼠蹊部に向かってリンパを流していく。

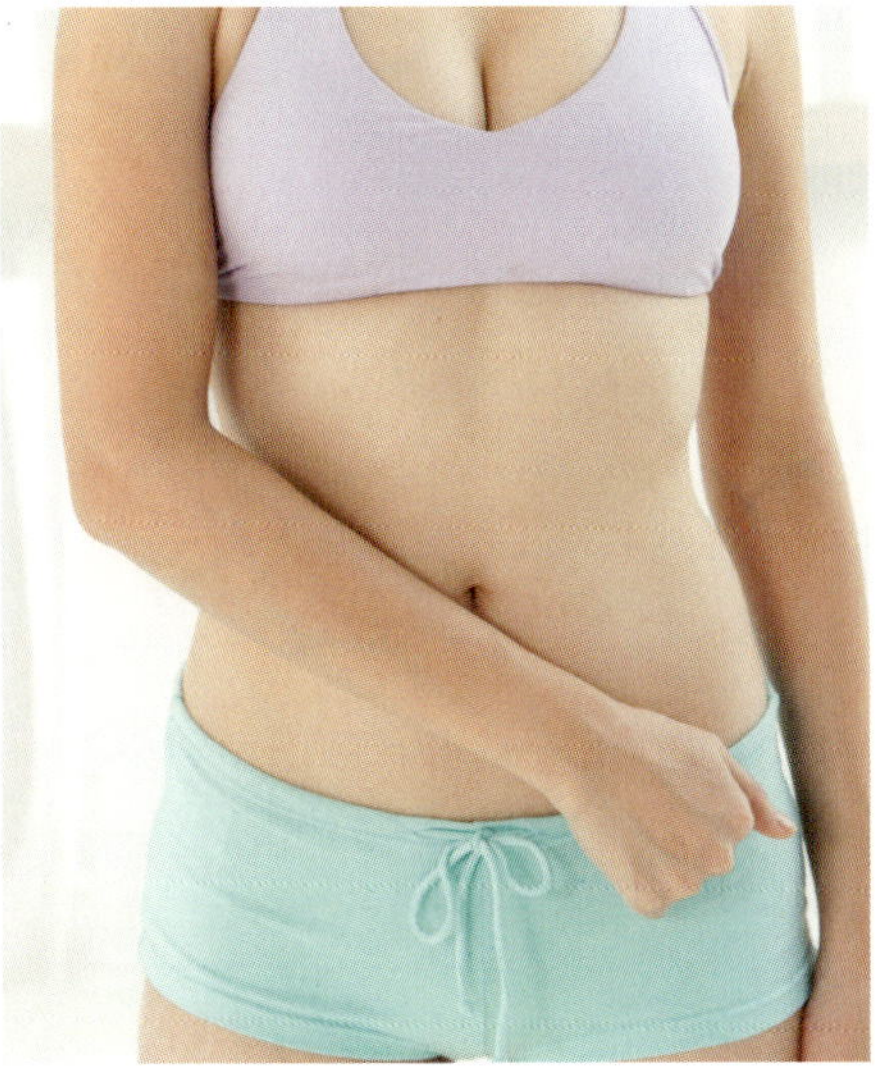

2 20回繰り返す。反対側も同様に行う。

ウエストの肉を背中側にも移動させ、後ろ姿もスッキリ美しいウエストに。

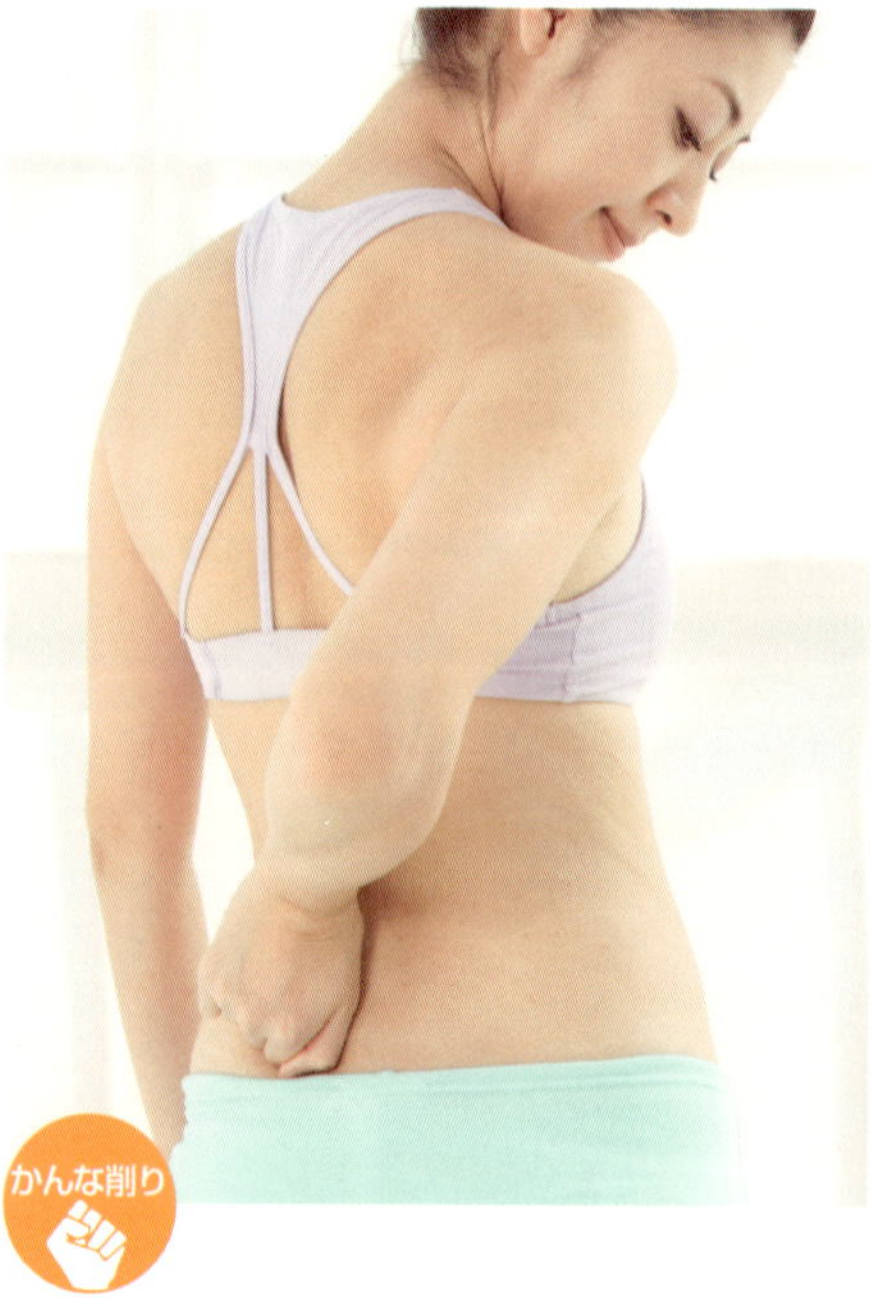

1 手の形をグーにして、ウエストから反対側のヒップの方向に腰のまわりの肉を移動させる。ウエストから腰にかけてのラインをスッキリさせ、立体的に仕上げていく。

2 20回繰り返す。反対側も同様に行う。

work 3

二の腕を引きしめる

お肉がたるみやすい二の腕をスッキリさせる。

「水路」で流し、「包みこみ」でほっそり。リンパを流すことで、ワークの効果もアップ。

1 片腕をまっすぐ肩の高さまで横に伸ばす。反対の腕を胸に密着させながら、手をわきの下に添える。

2 腕の骨の側面にそって、腕のつけ根からひじまで圧を加えて水路を作りながら包みこむ。ひとつひとつの動作を丁寧に行うのがポイント。

3 力を入れてゆっくりと3回繰り返す。反対側も同様に行う。

ぜい肉がつきやすい二の腕をほぐして引きしめ、腕のラインをスッキリさせる。

1 腕のつけ根からひじまで、ねじりながらゆっくりと移動する。

2 腕を内側から外側に向かってねじっていく。力強く、しかも丁寧に少しずつ移動していく。

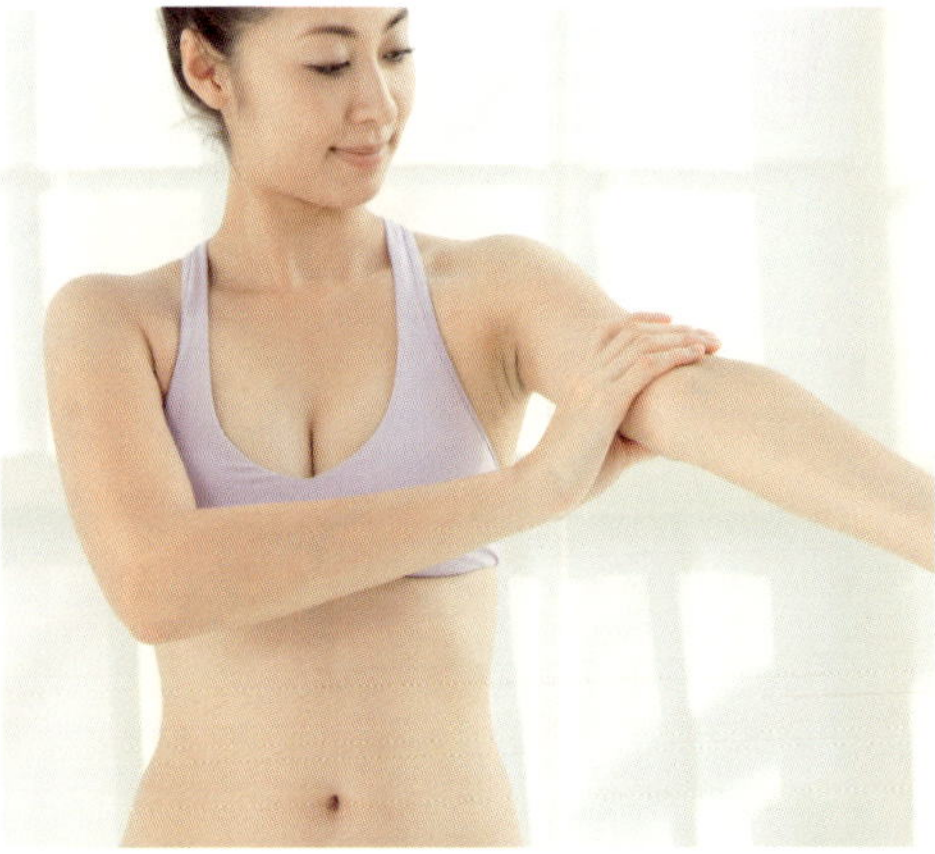

3 3回繰り返す。反対側も同様に行う。

“なりたい腕”を
イメージしながら削って
理想のラインに
近づける。

1 まず自分のなりたい腕を頭の中に思い描き、そのラインを削り出すように、ひじから肩に向けてかんな削りをする。平面ではなく円柱を削っていくイメージで、全周囲を丁寧に削っていくのがポイント。

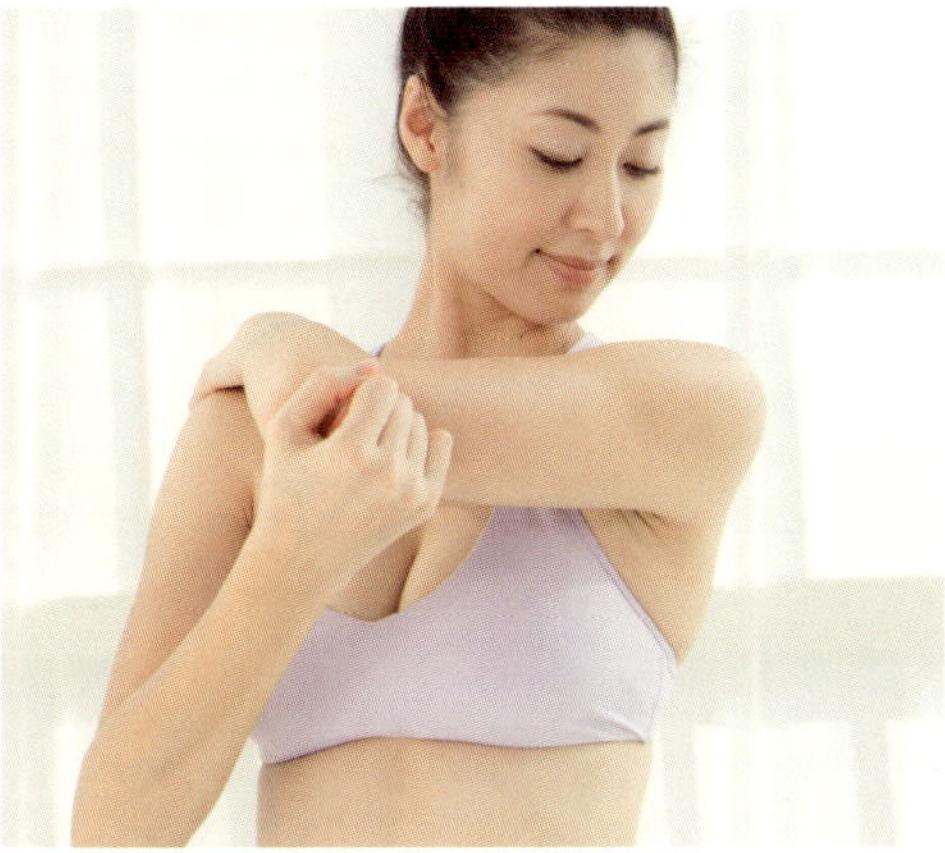

2 外側を削るときは反対側の肩に手をおいて、安定感のある状態で丁寧に行う。

3 3回繰り返す。反対側も同様に行う。

work 4

まっすぐな美脚を作る―ひざ下

レッグラインをすらりと、メリハリのあるひざ下ラインに。

初めに脚全体をまっすぐに整え、左右の脚の長さを同じにする。

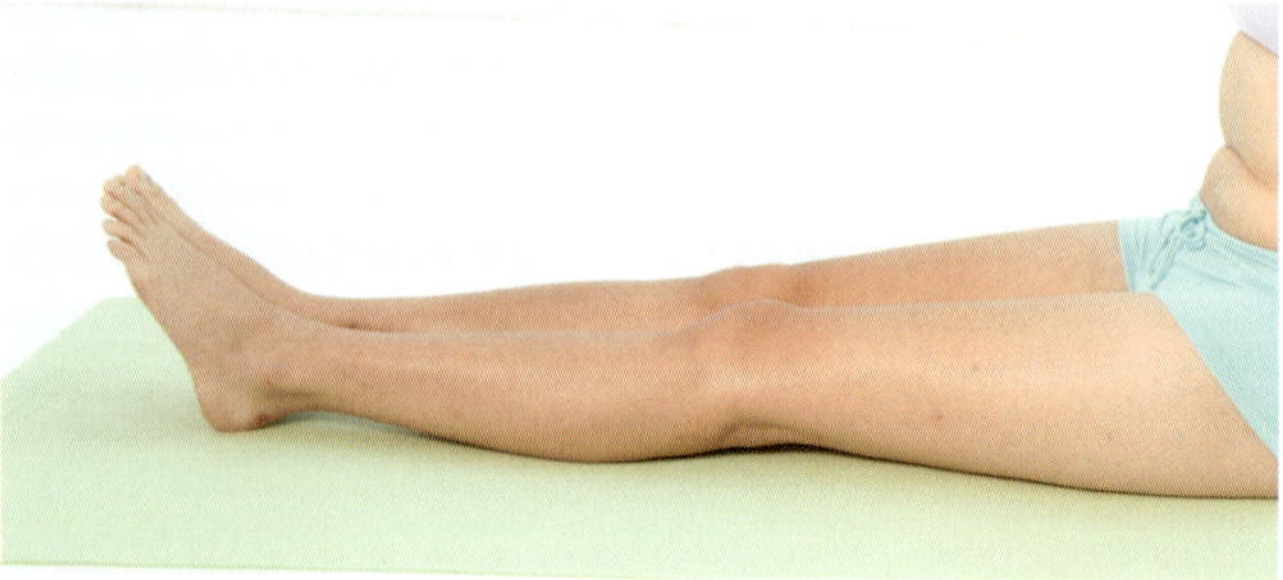

1 床に座って脚を伸ばし、両脚をそろえる。左右の長さの違いと、脚のラインが曲がっていないかをチェックする。

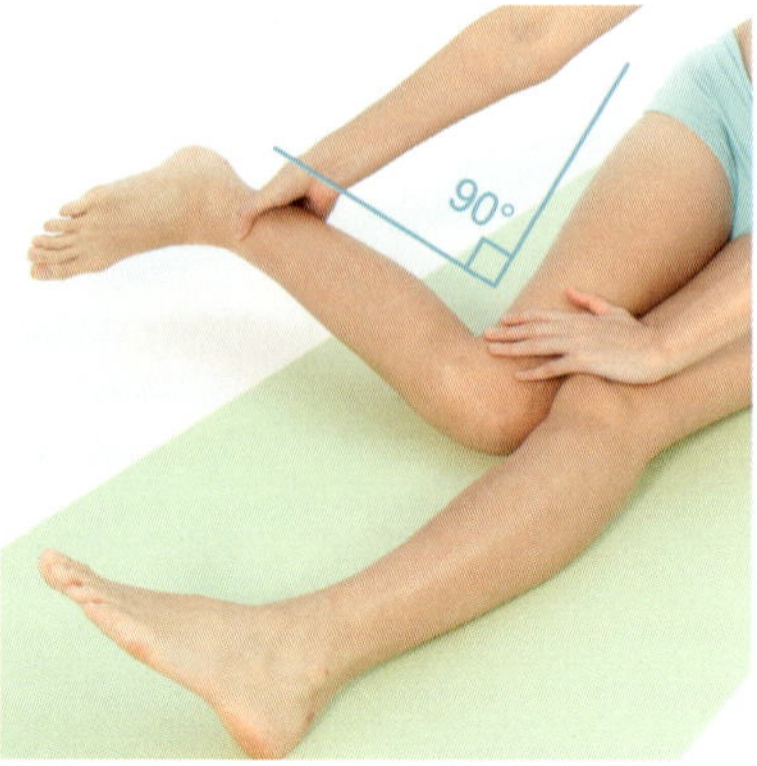

2 片方の脚を直角に曲げ、足首を少し持ち上げて、おろす。5回行う。反対の脚も同様に。

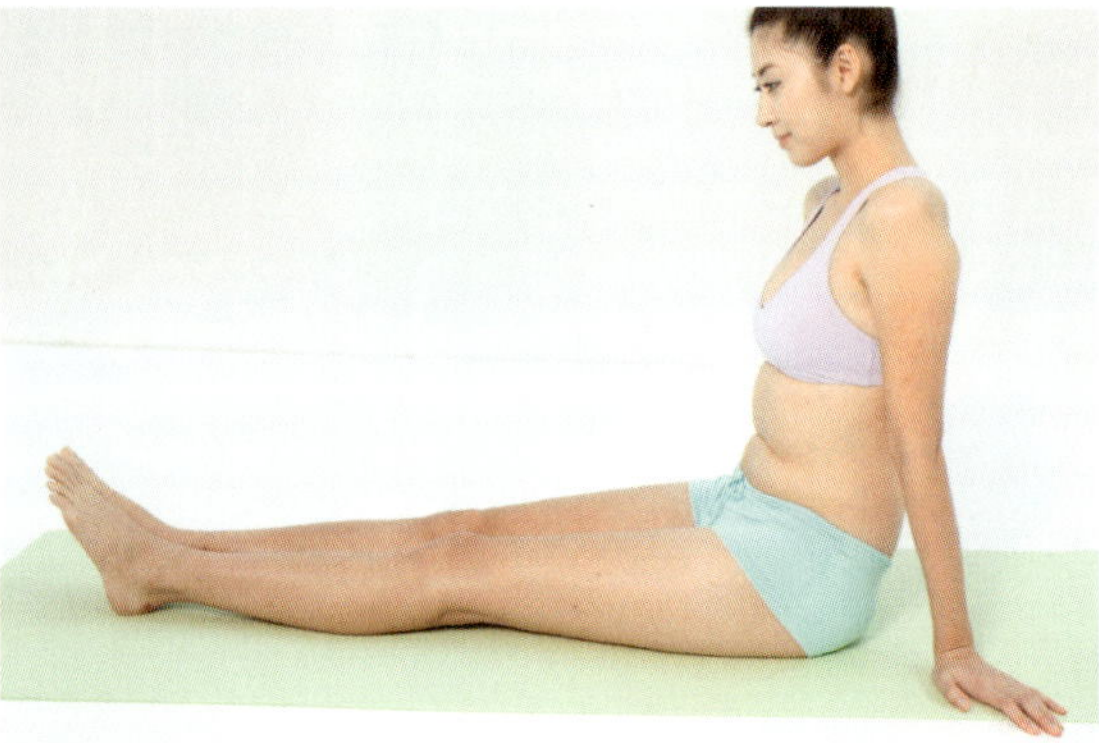

3 両脚を伸ばしてそろえ、脚のラインがまっすぐになったか、長さがそろったかをチェックする。

脚をまわして筋肉の流れを整える。関節から伸びるように、脚をまっすぐに。

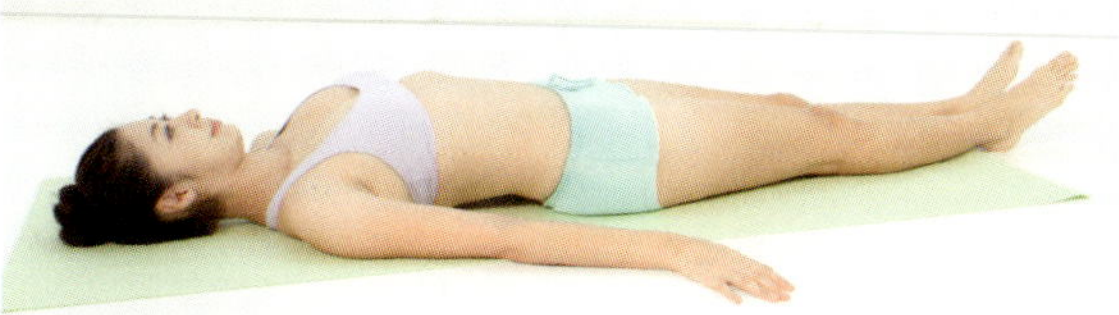

1 あおむけに寝て、体の力を抜いてリラックス。

2 片脚を45度ほど持ち上げまっすぐ伸ばしたまま、きれいな円を描くイメージで5～6回転させる。

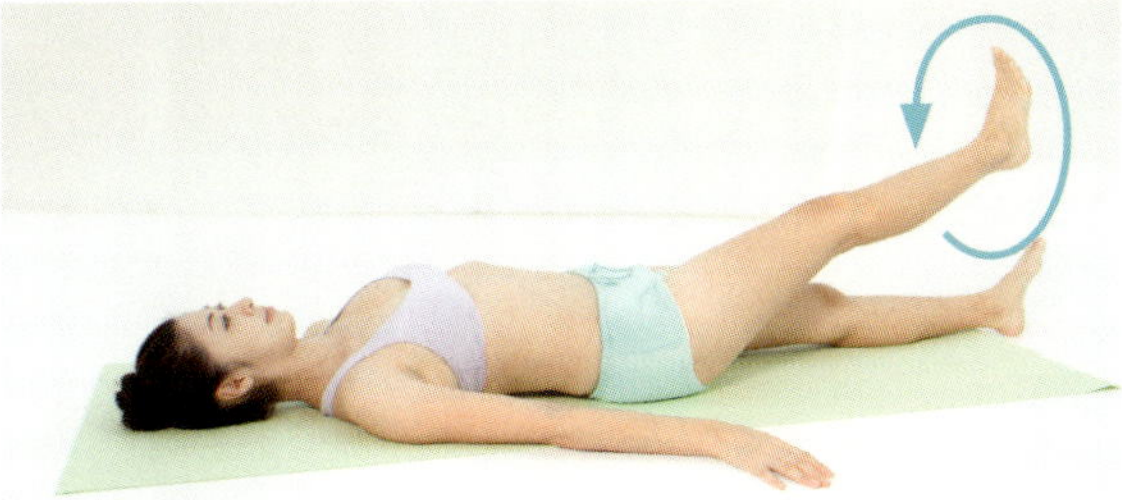

3 次に逆回転で5～6回行う。

4 ひざを曲げ脚をトンッと伸ばして、空中を蹴るようにする。

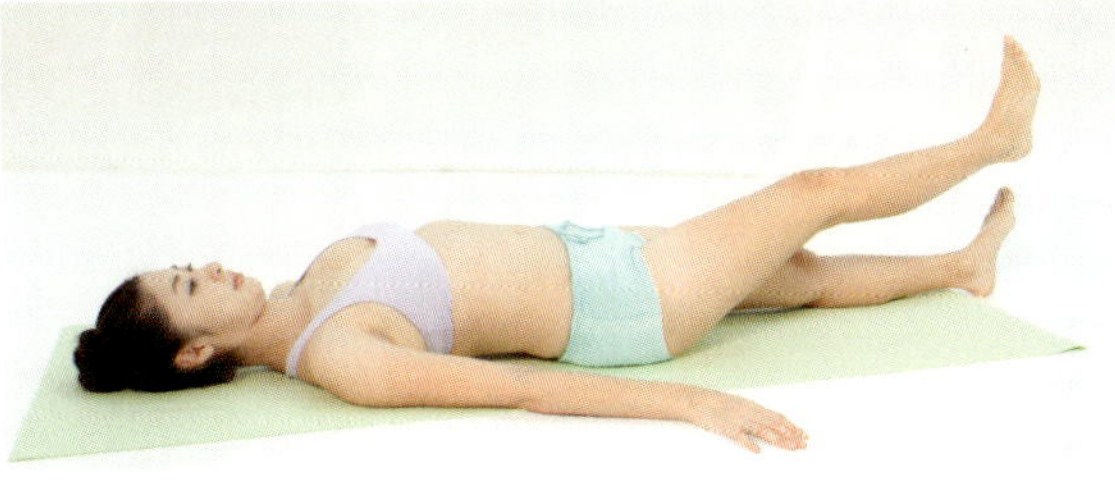

5 ひざをまっすぐに戻して、下におろす。反対の脚も同様に行う。

ひざから足首に向かって老廃物を流してスッキリとしたラインに。

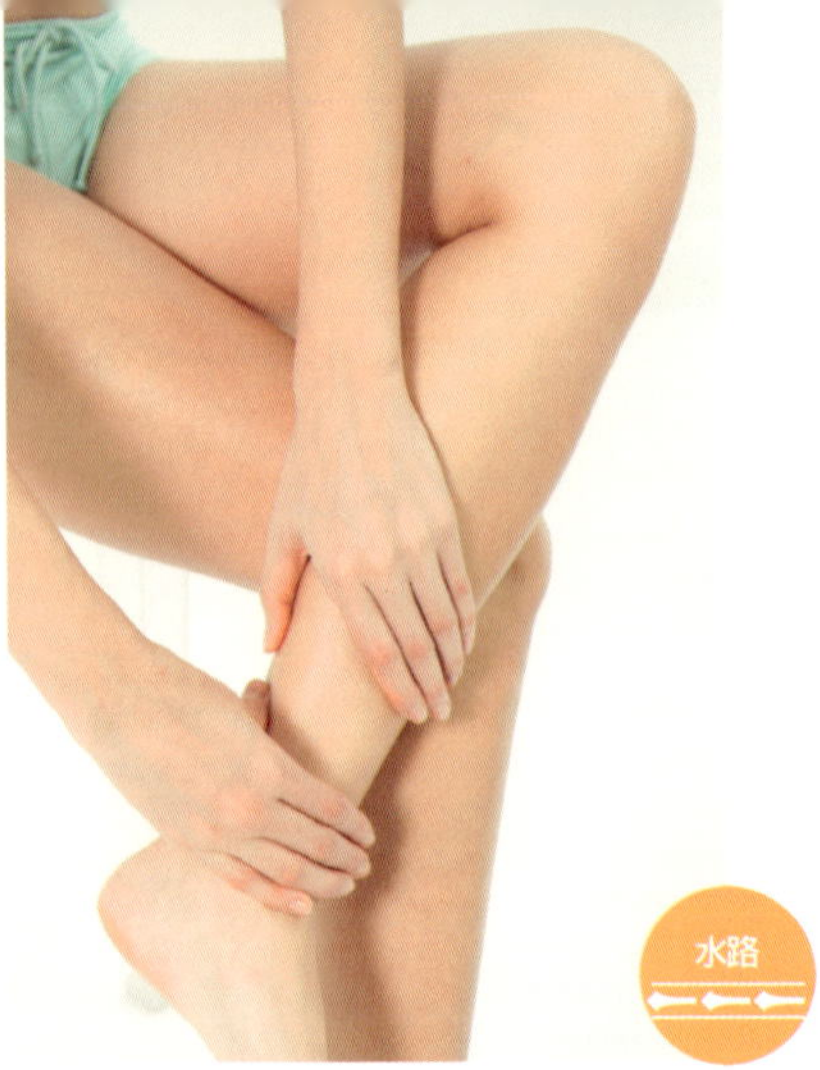

1 椅子に座り片脚を曲げて、くるぶしをもう片方の太ももにのせる。ふくらはぎの骨の側面に両手の親指で圧を加えていき水路を作る。ゆっくりと息を吐きながら圧を加えていく。

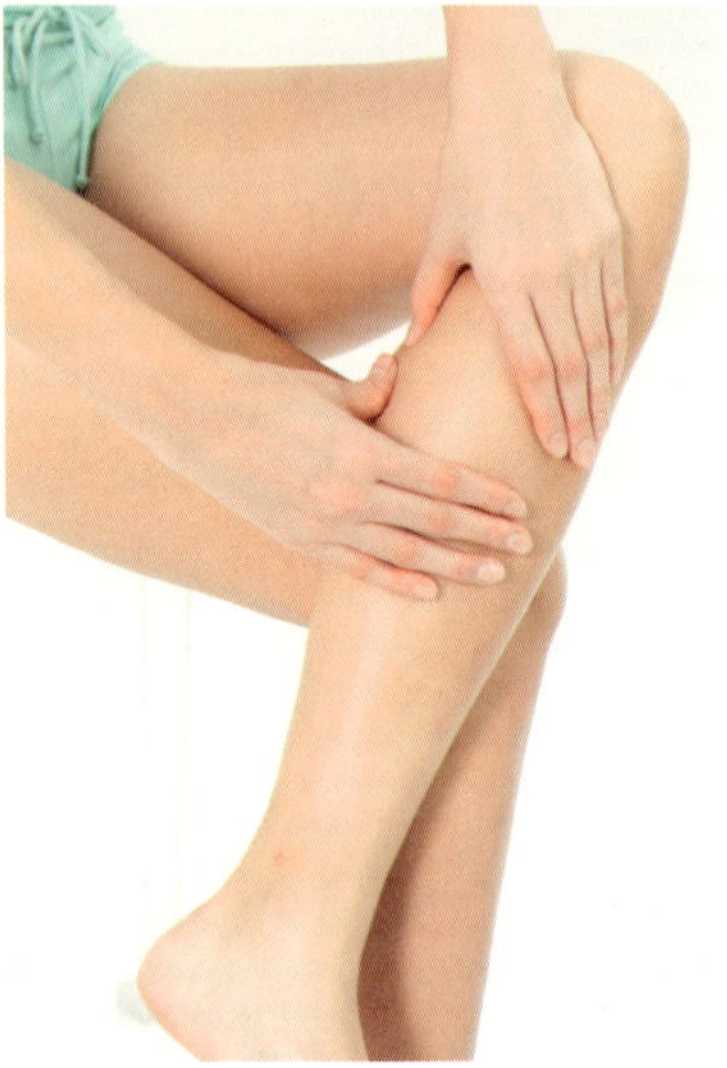

2 ゆっくり深く足首からひざまで行う。3回繰り返す。反対の脚も同様に行う。

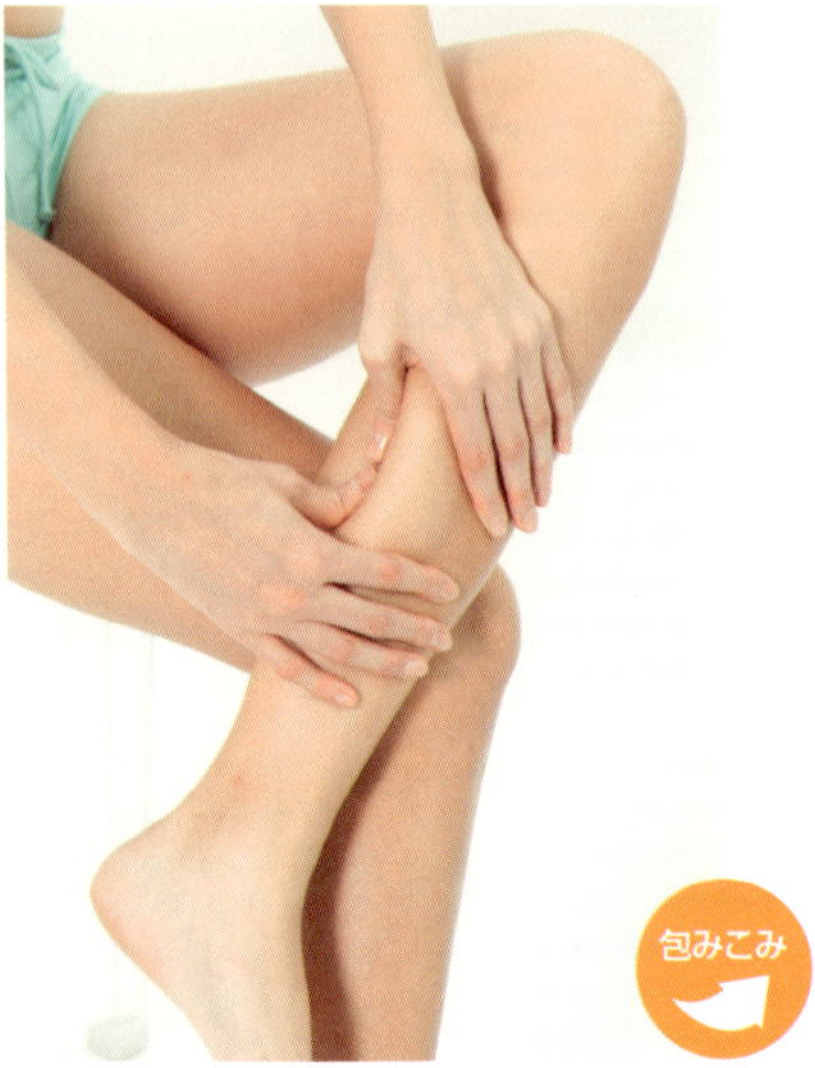

3 ふくらはぎの骨に向かって、ふくらはぎの内側の肉を入れこむイメージで包みこむ。これによって疲労物質を流して、ふくらはぎをほっそりさせていく。

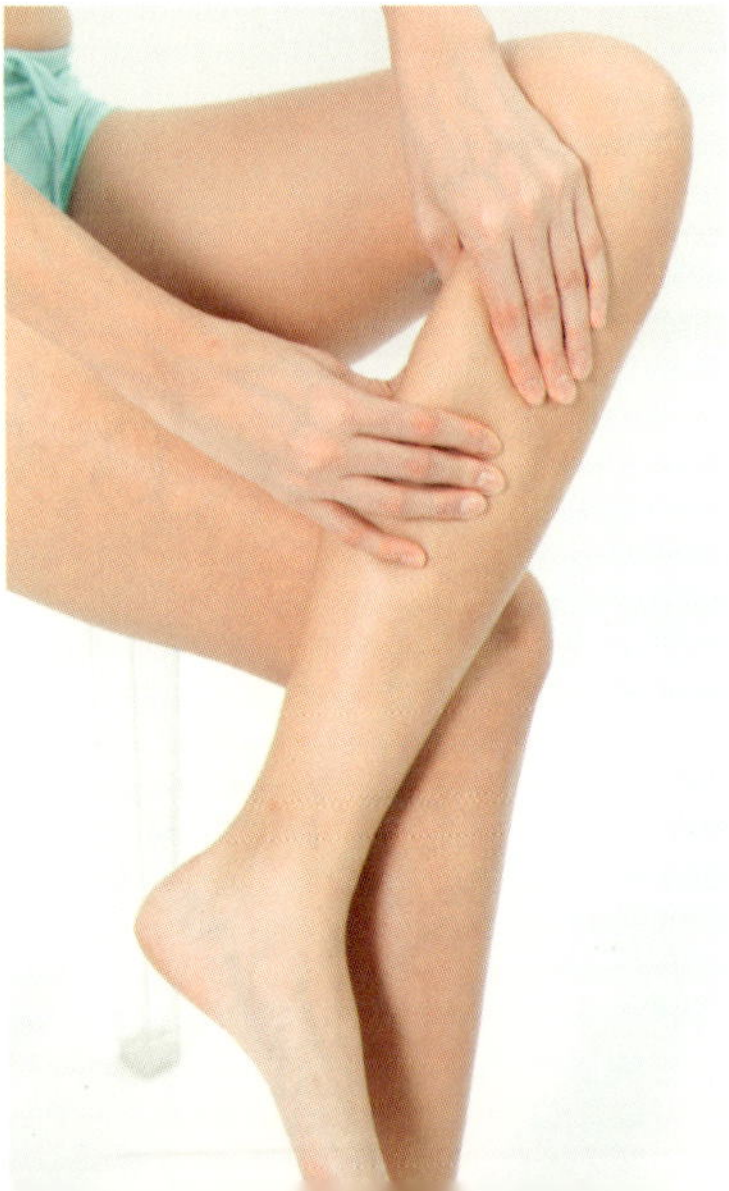

4 ゆっくりと力を入れて足首からひざまで行う。5回繰り返す。反対の脚も同様に行う。

ふくらはぎのふくらみを高い位置に作り、バランスのよい形を作る。

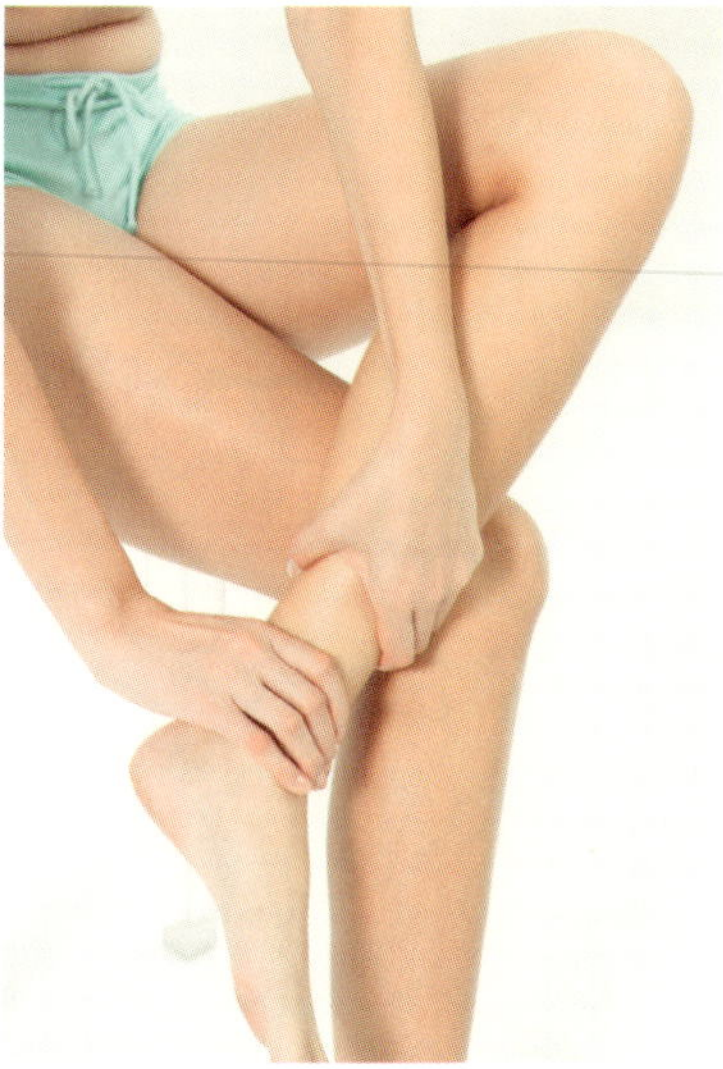

1 足首を両手で握る。

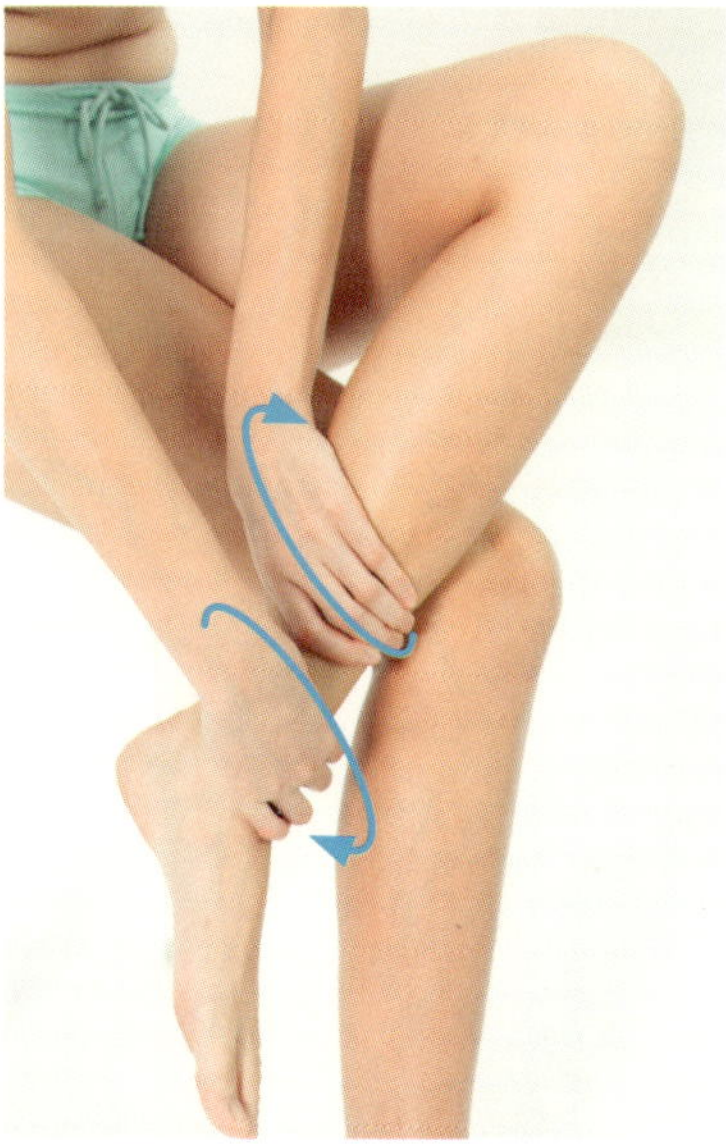

2 両手首を逆方向に回転させるようにまわす。

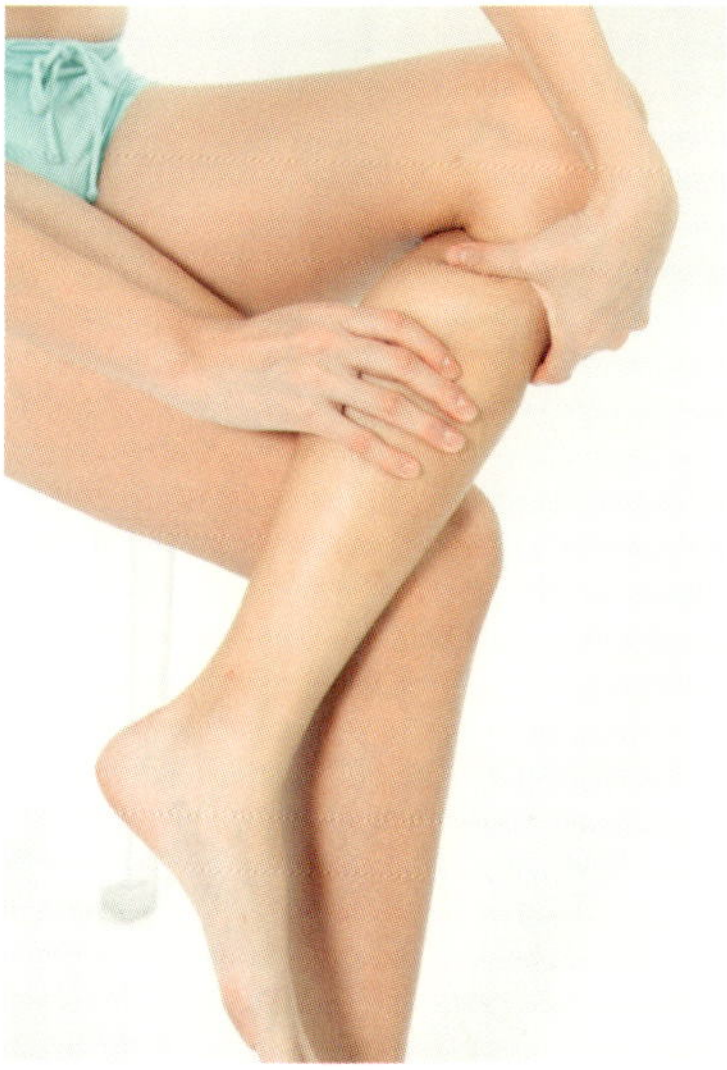

3 足首からひざまで手をまわしながら上がっていき、ふくらはぎのふくらみを今より高い位置に持ち上げていく。

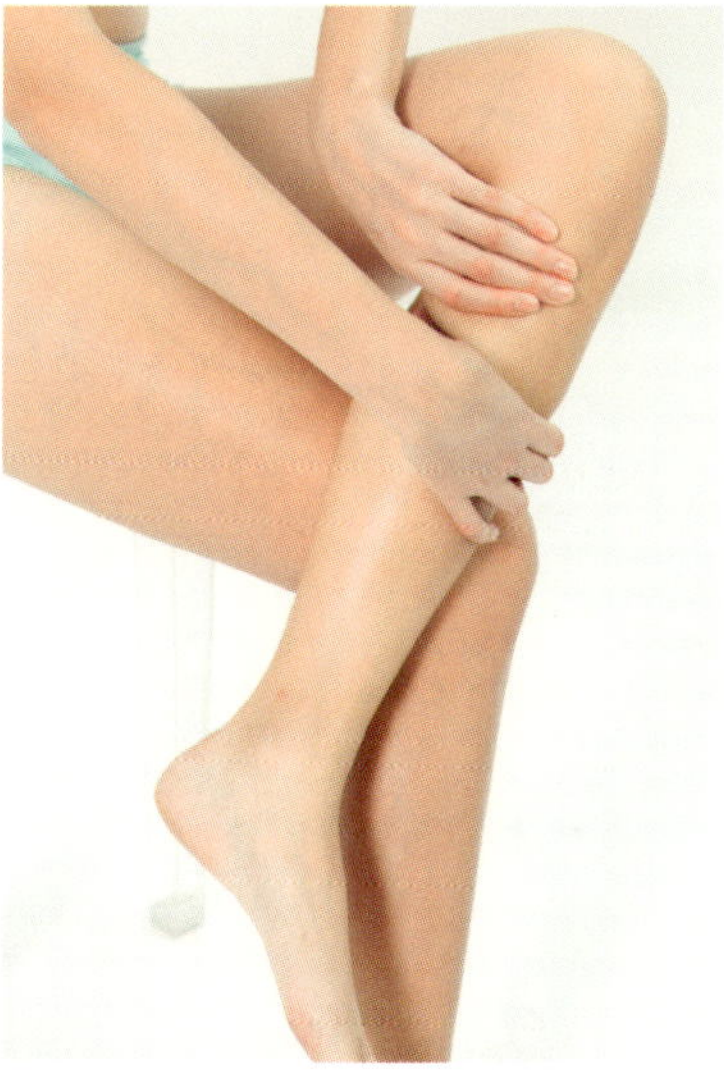

4 3回繰り返す。反対の脚も同様に行う。

ひざ下の周囲を丹念に削って理想のレッグラインを作る。

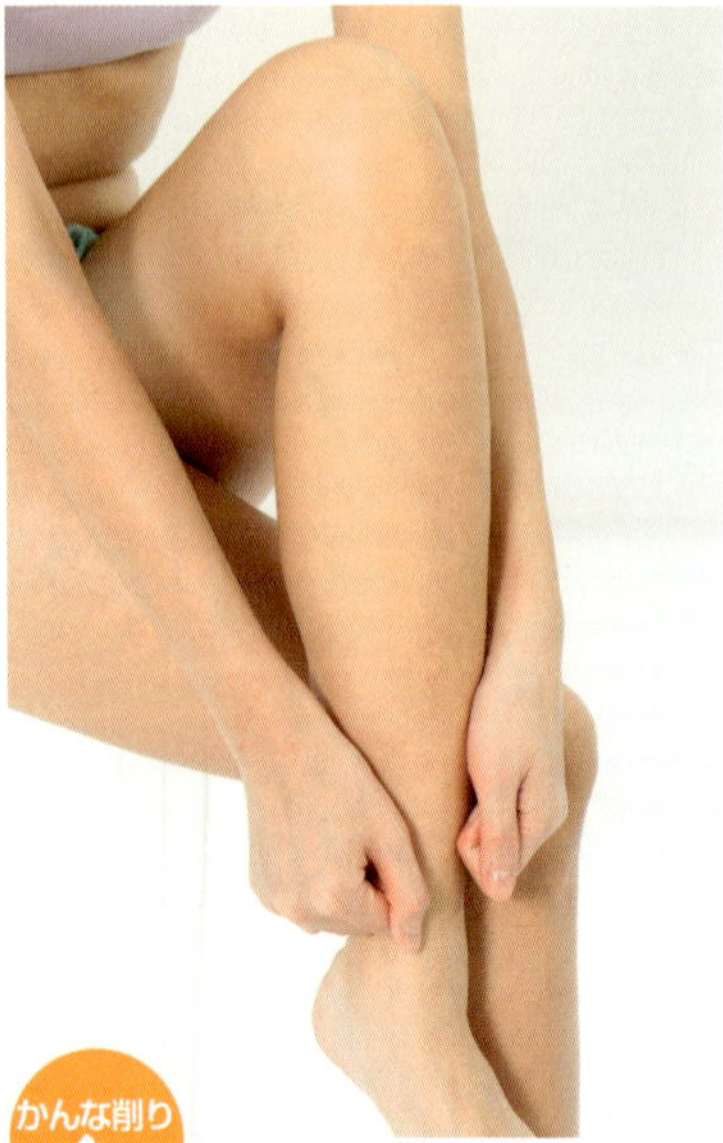

1 足首からひざに向かって、ひざ下の脚の全周囲を彫刻するようにかんな削りする。理想の形をイメージしながら行うのがポイント。

かんな削り

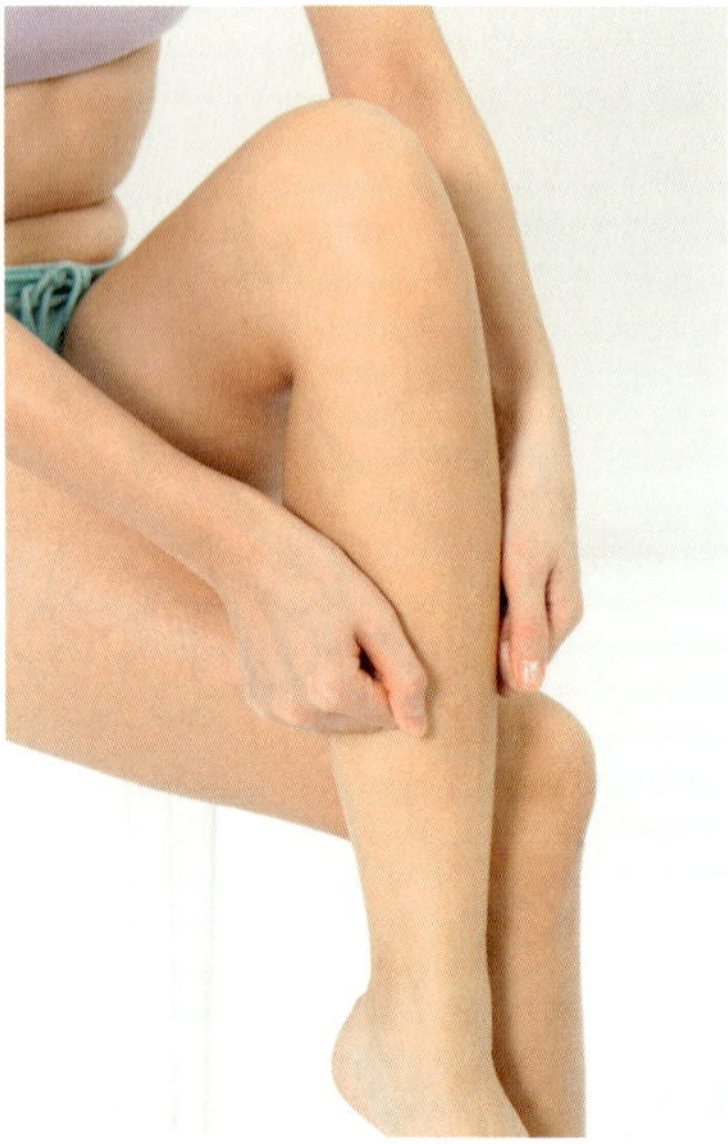

2 全周囲を下から上へ削るのを1セットとして、それを3回繰り返す。

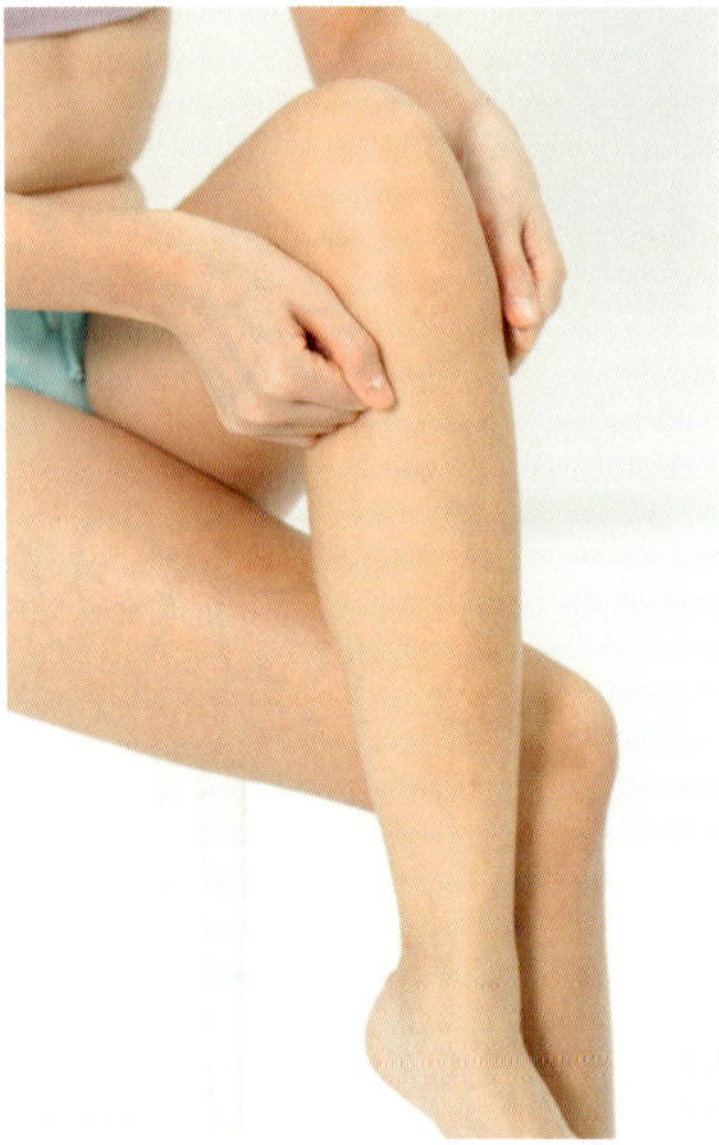

3 反対の脚も同様に行う。

work 5

まっすぐな美脚を作る―太もも

ひざから太ももをスッキリと。
彫刻するように
美脚を形づける。

ひざまわりをスッキリさせ
脚全体をすらりと見せる
“美しいひざ”を作る。

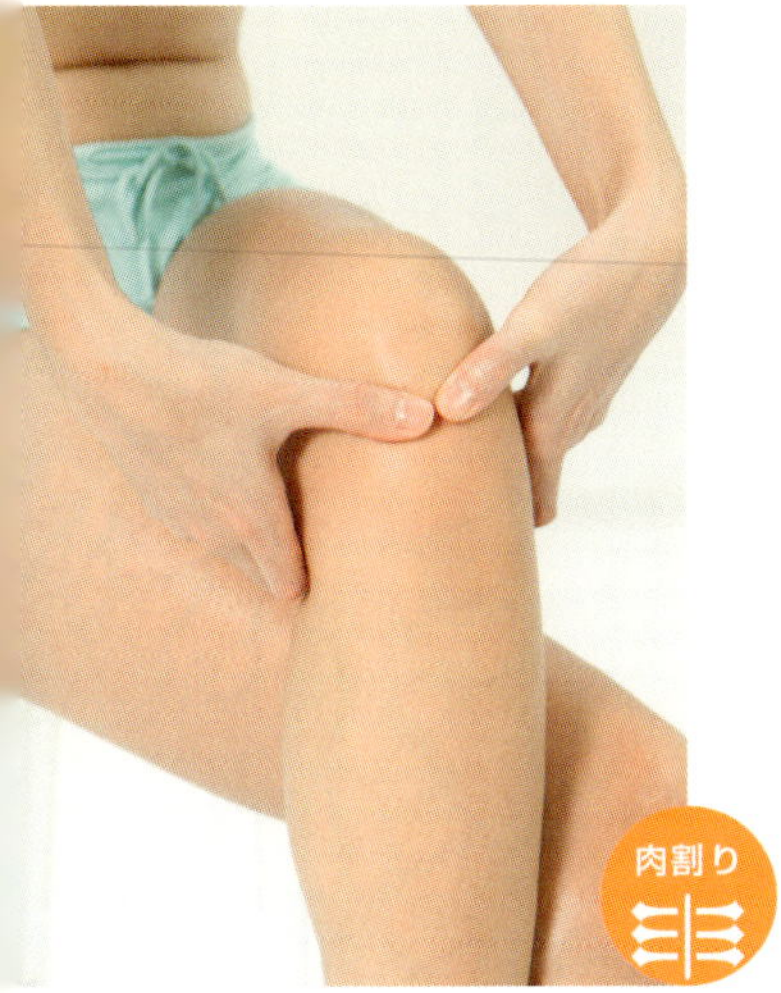

1 椅子に座って、ひざ頭の周囲を、お皿の下から上へ肉割りする。

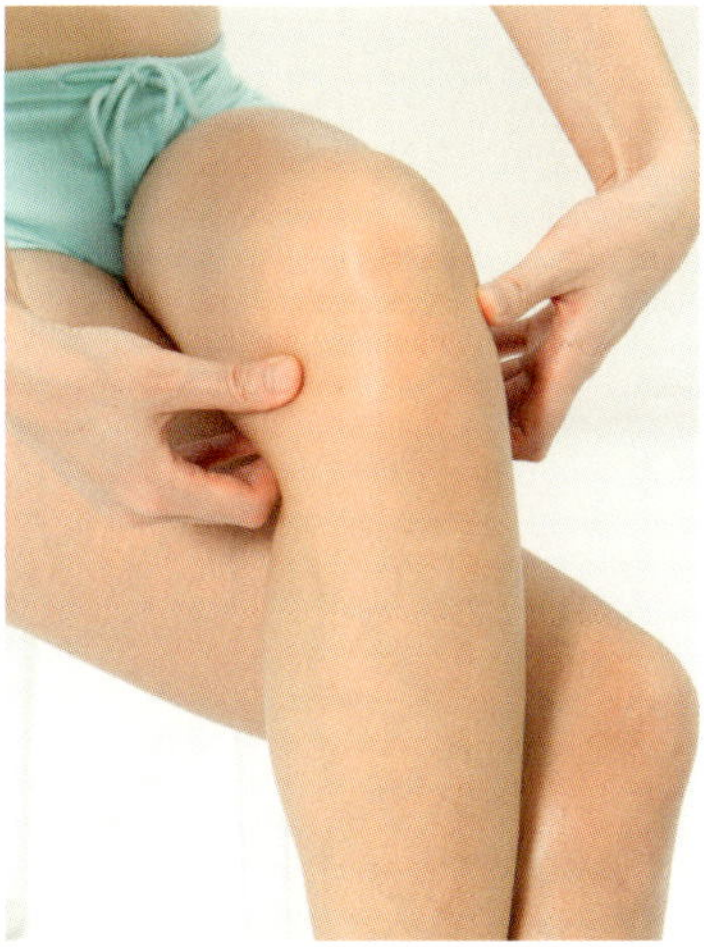

2 5回繰り返す。反対の脚も同様に行う。

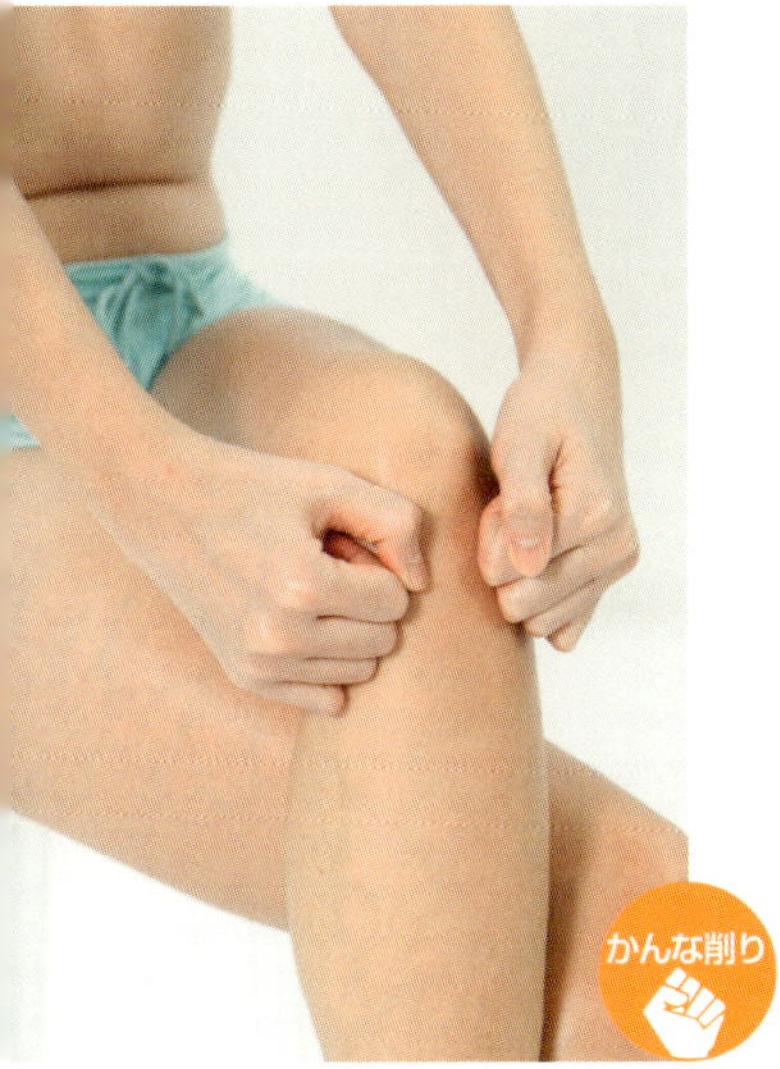

3 ひざ頭の周囲を下から上にかんな削りする。気になる“ぽっちゃり肉”をとり、スッキリとしたひざを作る。

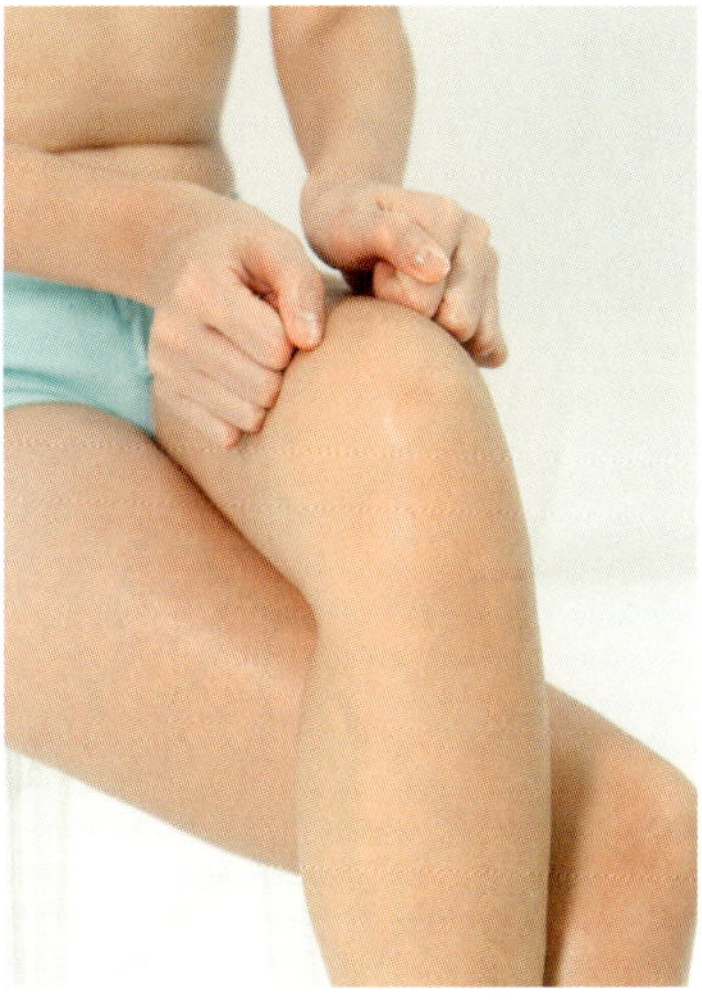

4 10回繰り返す。反対の脚も同様に行う。

リンパを流して、肉のつきやすい太ももをスッキリさせる。

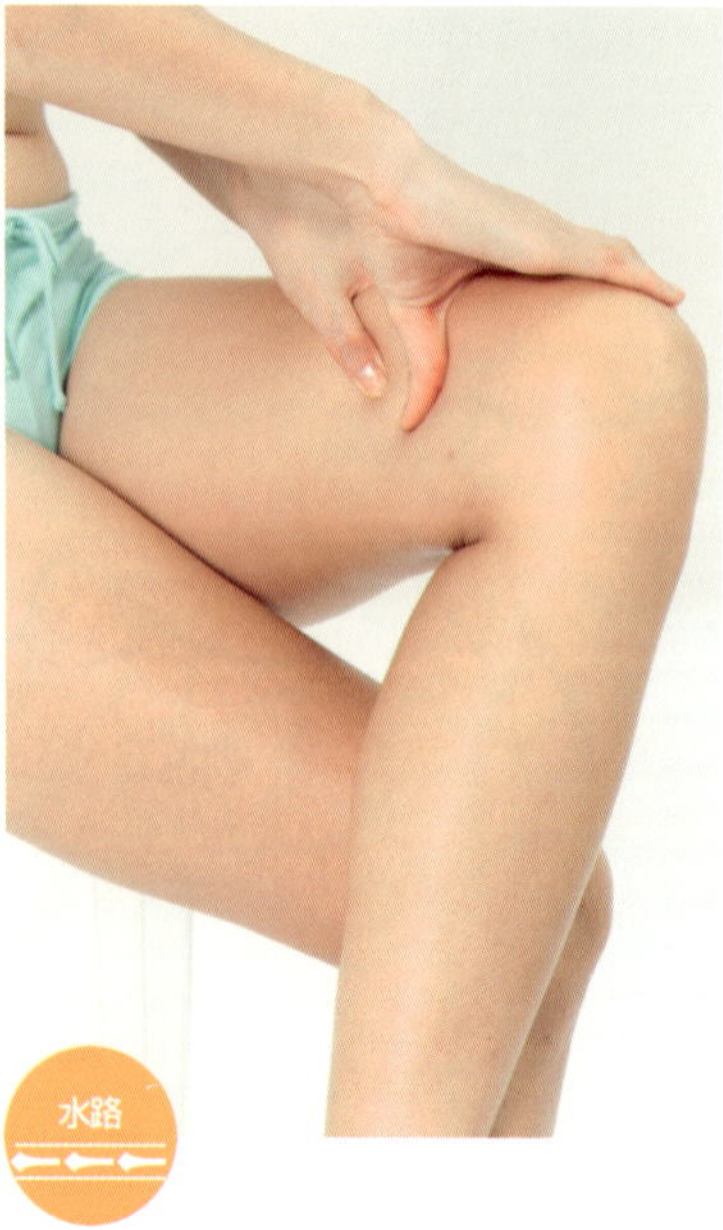

1 椅子に座り片脚を曲げて、太ももの骨の側面に両手の親指で強く圧を加えていき水路を作る。

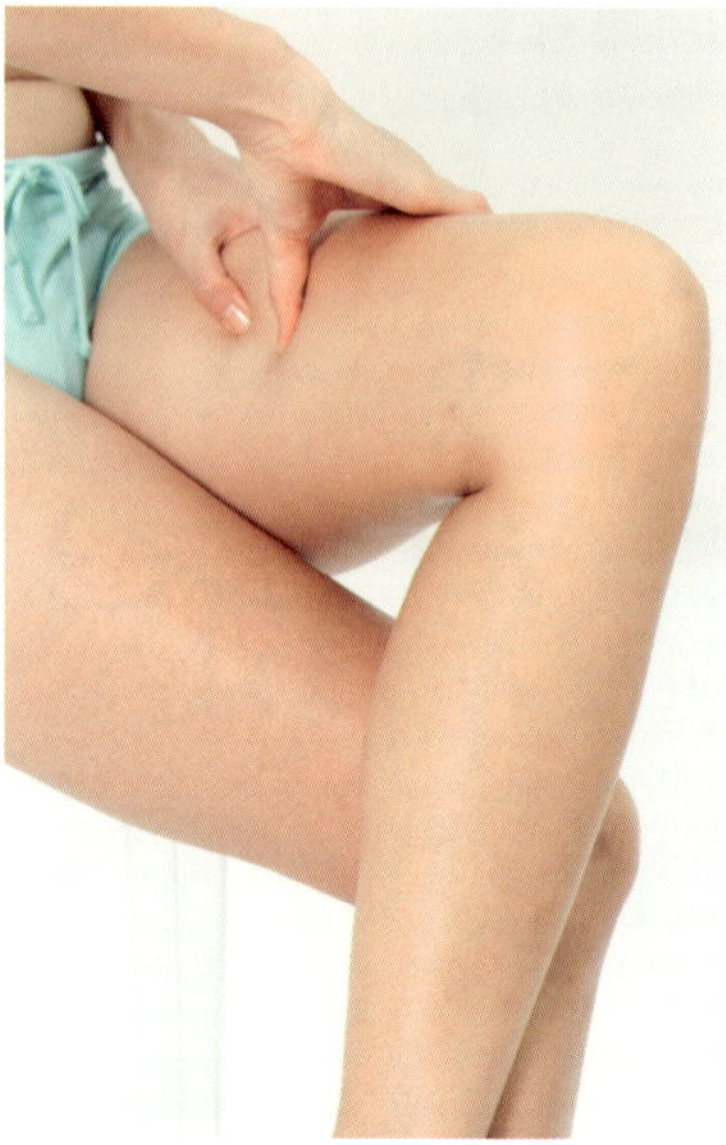

2 ゆっくり強くひざから足のつけ根まで行い、リンパを流して老廃物も流していく。

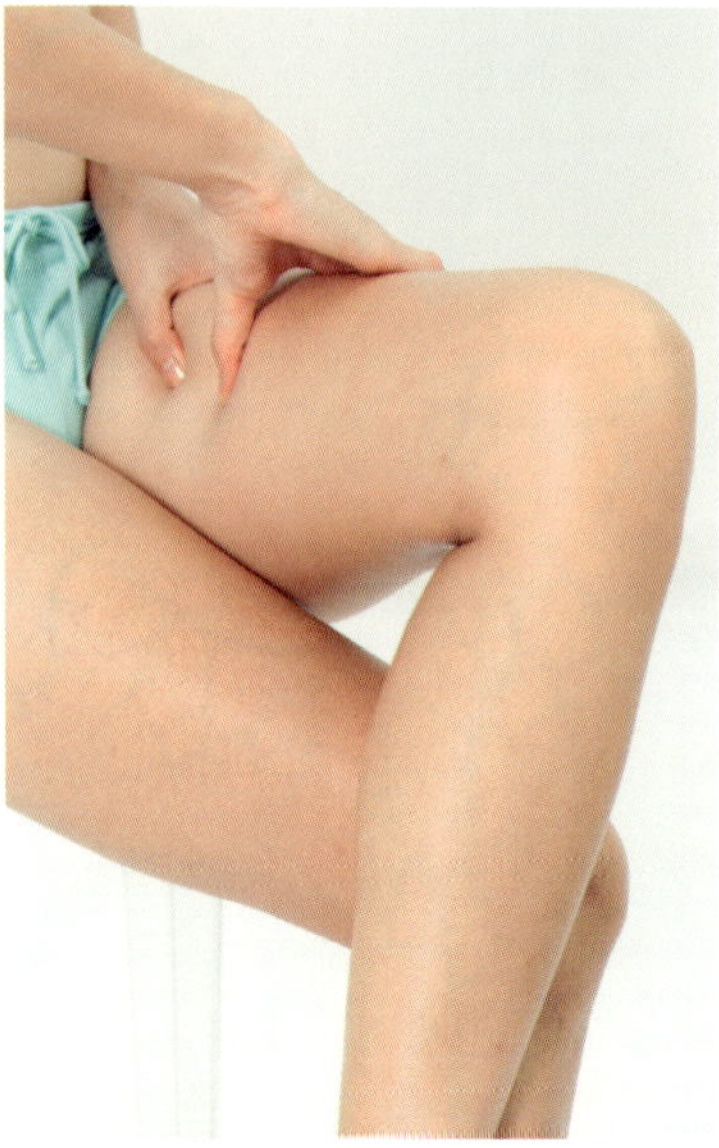

3 3回繰り返す。反対の脚も同様に行う。

肉をしっかり包みこんで太ももの内側をスッキリと整える。

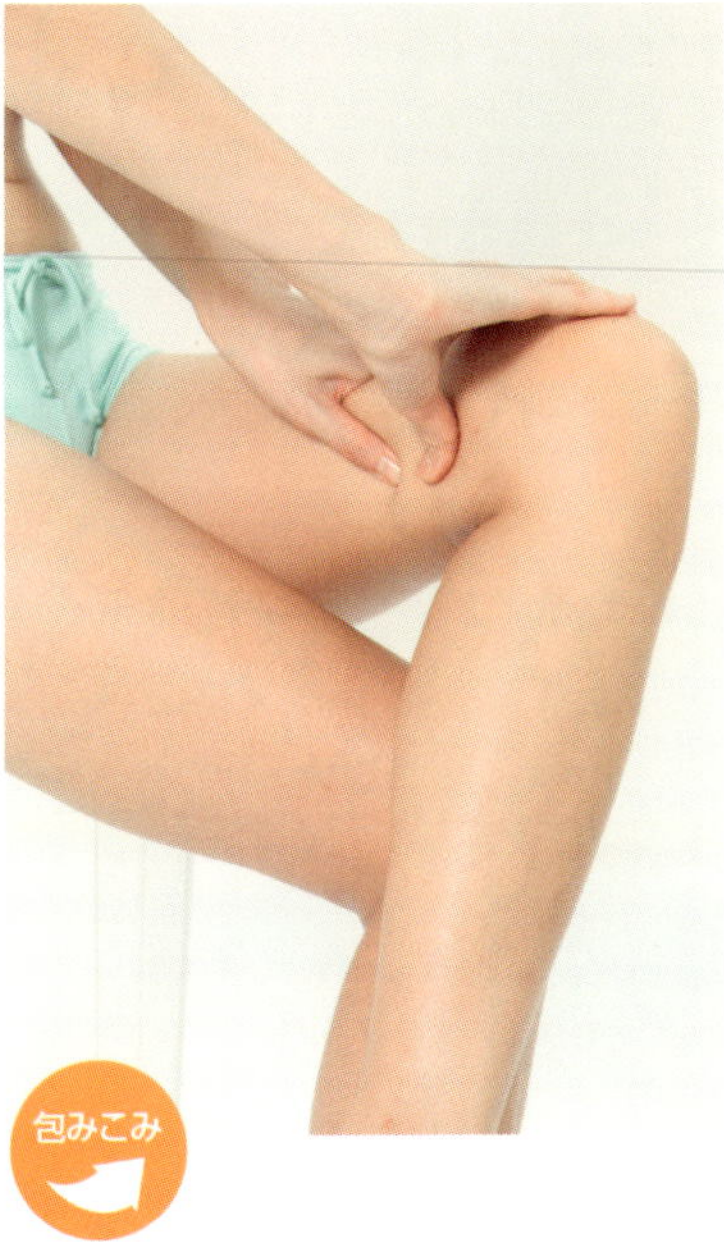

1 両手の親指を太ももの内側、それ以外の4本を外側において内側の肉をつかみ、太ももの骨のきわに向かって親指で内側の肉を入れこむイメージで力強く包みこみをする。

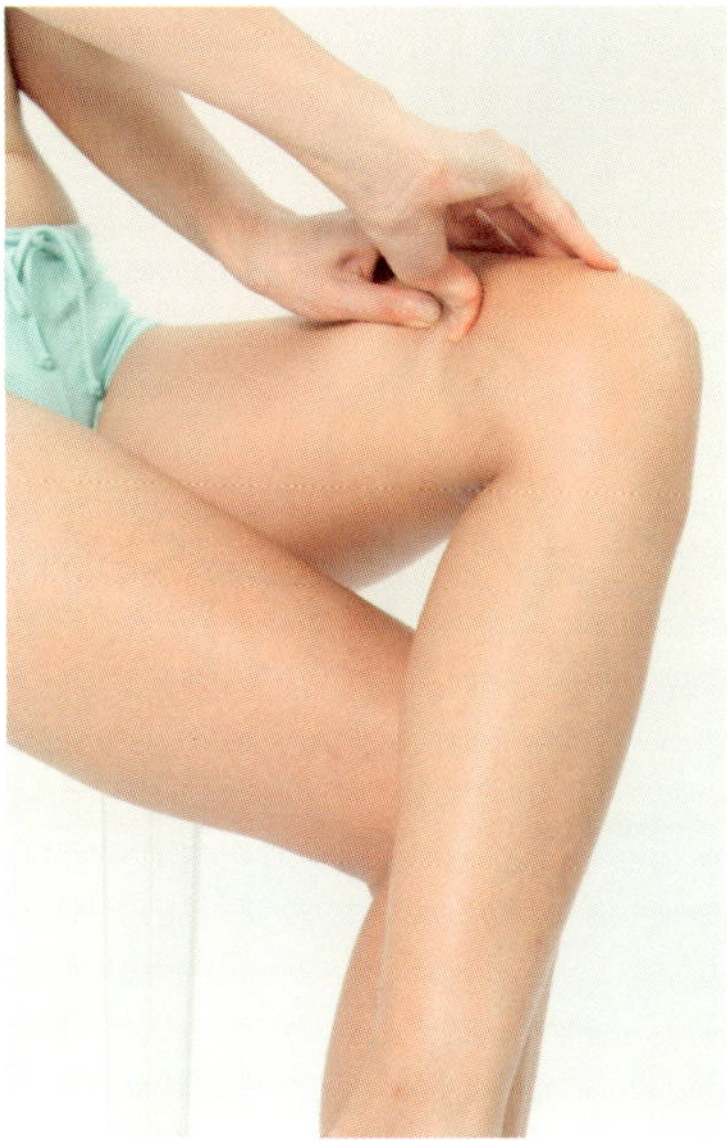

2 ひざから脚のつけ根まで、丁寧に包みこみをしながら移動する。

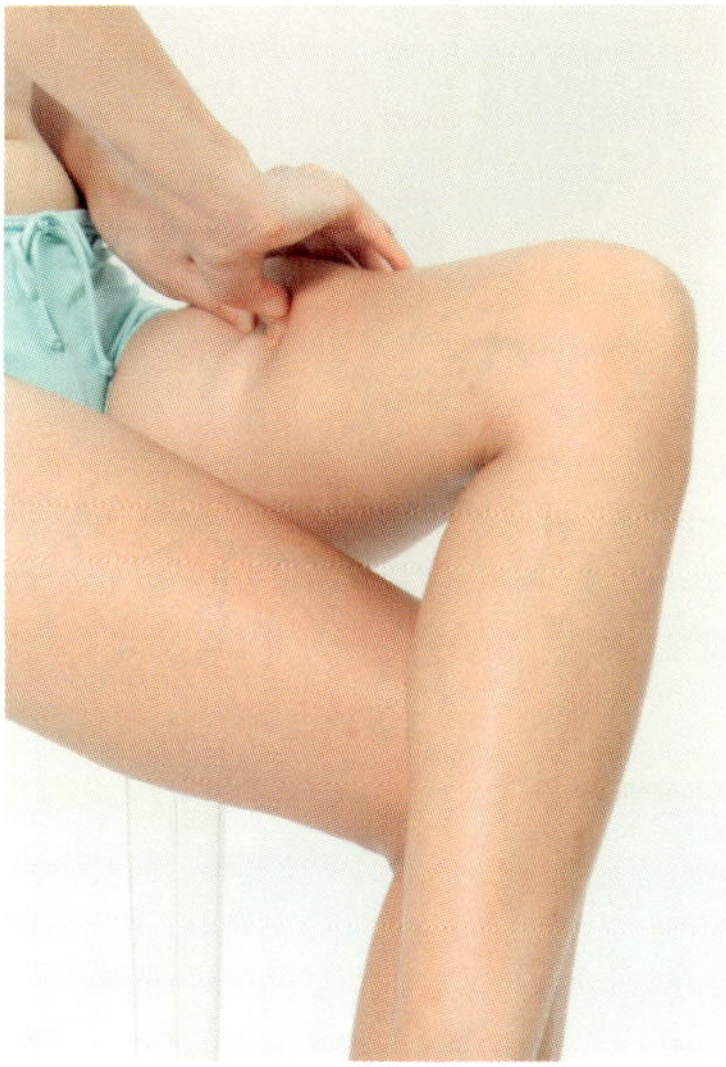

3 5回繰り返す。反対の脚も同様に行う。

肉をほぐして
スッキリとした印象の
太ももにしていく。

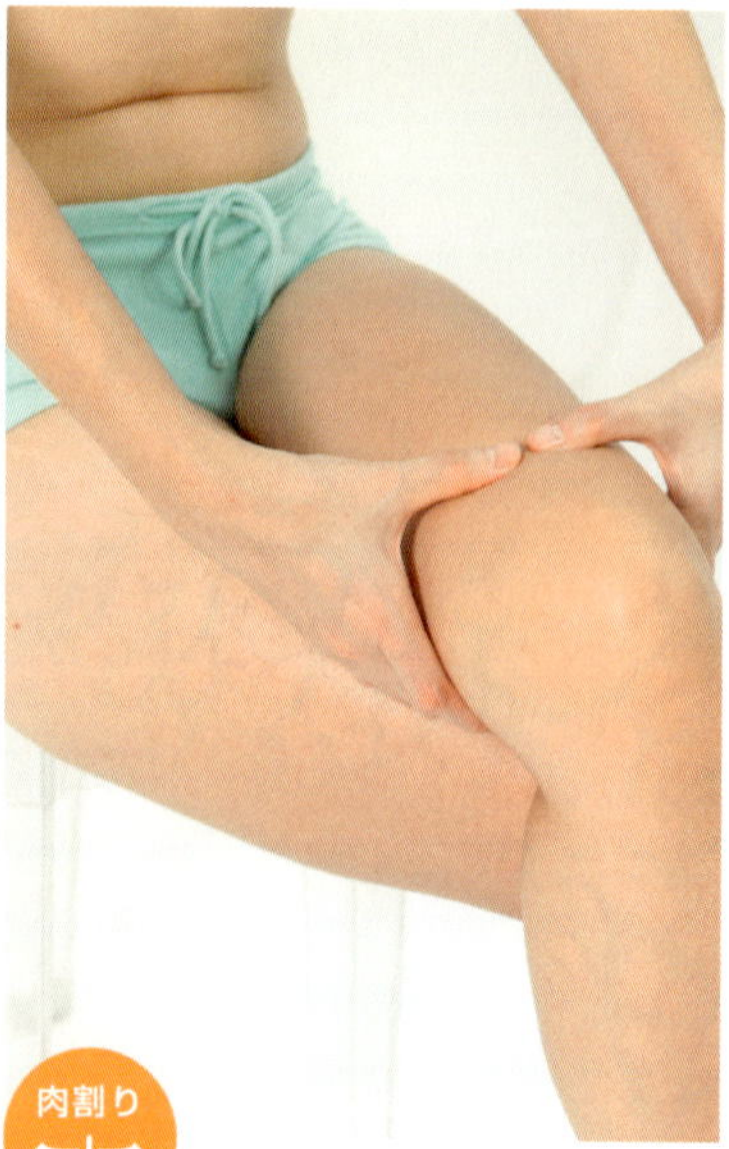

肉割り

1 ひざの上を両手で握り、力強く肉割りする。固まった肉をほぐすと同時に、滞ったリンパの流れを促し老廃物を流してスッキリとさせていく。

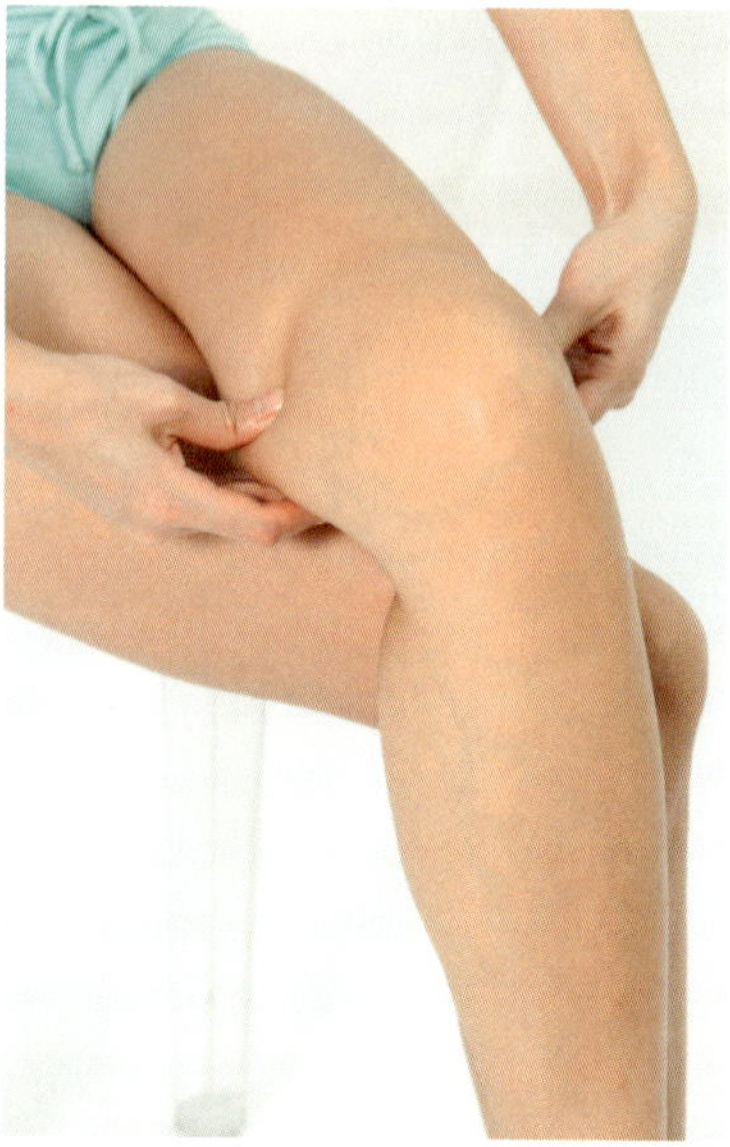

2 ひざから太ももまで、力強く肉割りしながら移動する。

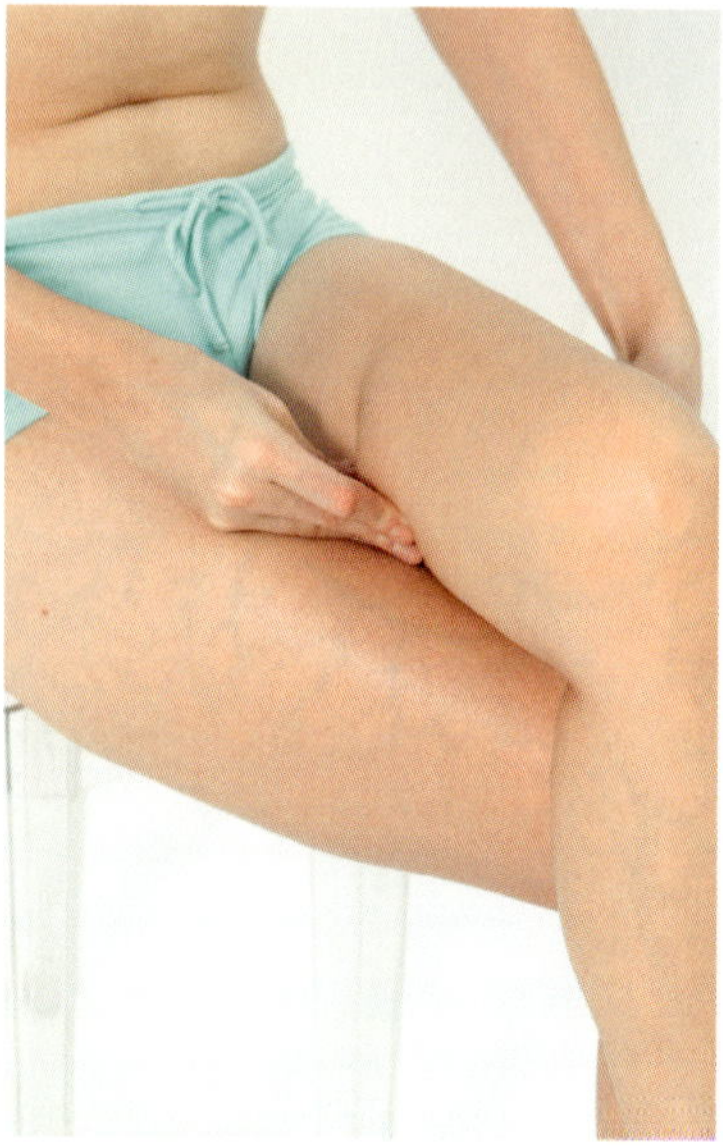

3 3回繰り返す。反対の脚も同様に行う。

太ももの周囲を丹念に削って理想のレッグラインを仕上げていく。

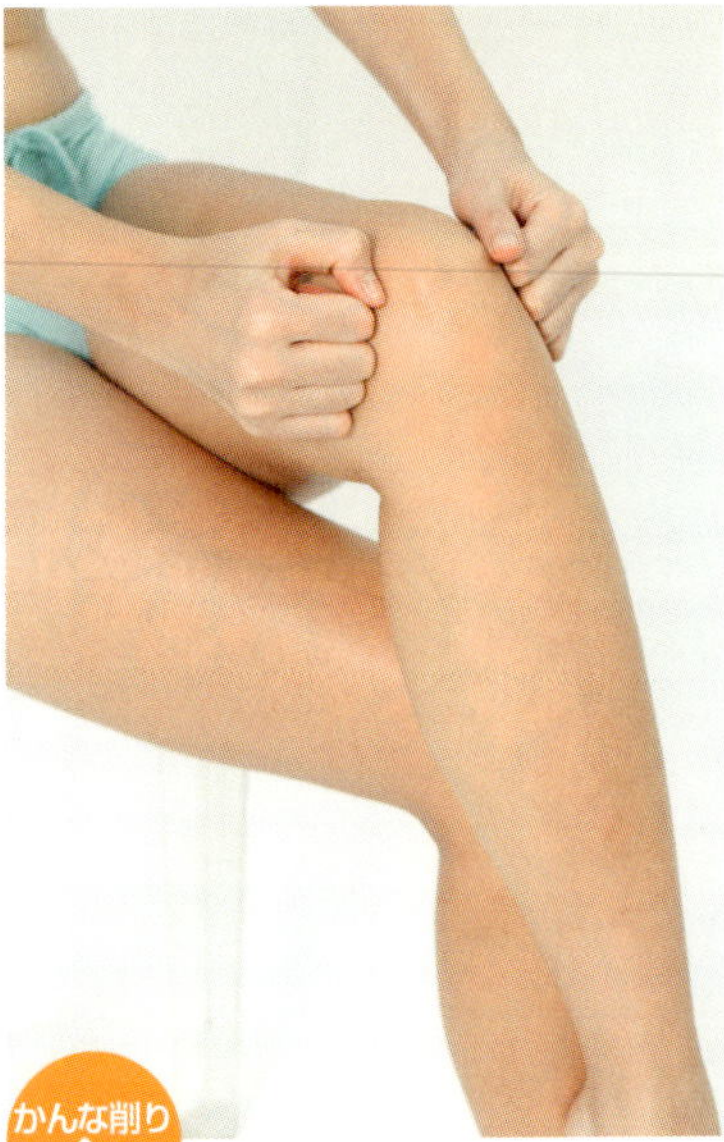

かんな削り

1 ひざから脚のつけ根に向かって、太ももの全周囲を彫刻するようにかんな削りする。理想の形をイメージしながら行うのがポイント。

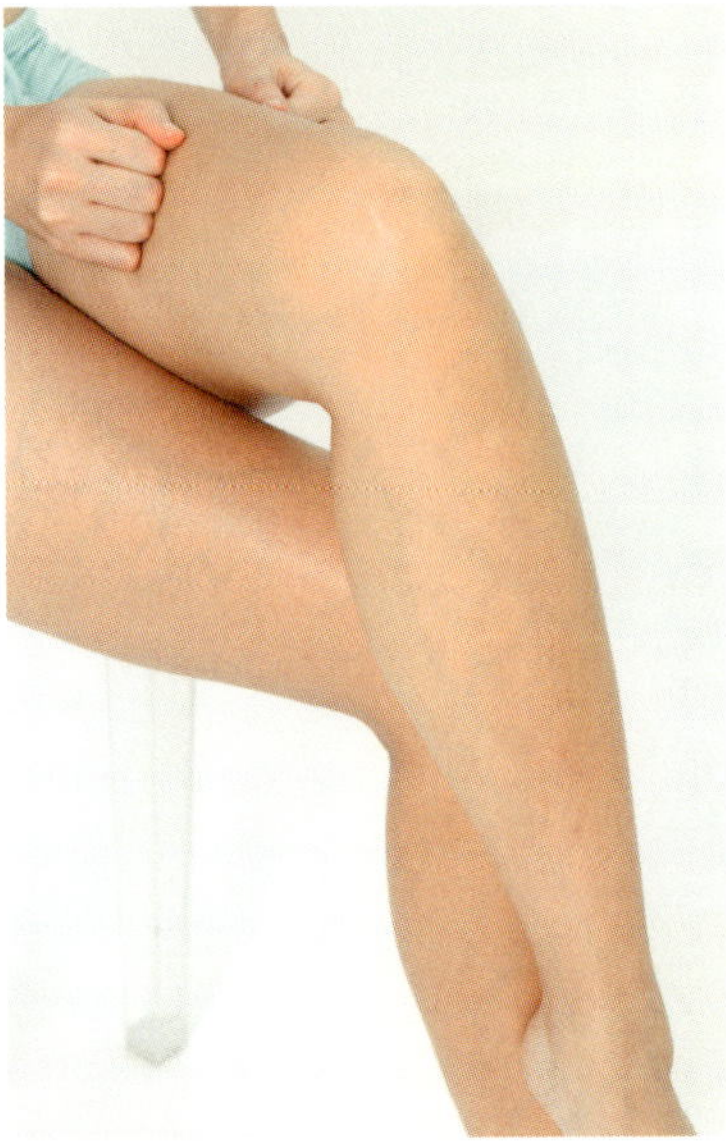

2 全周囲を下から上へ削るのを1セットとして、それを3回繰り返す。

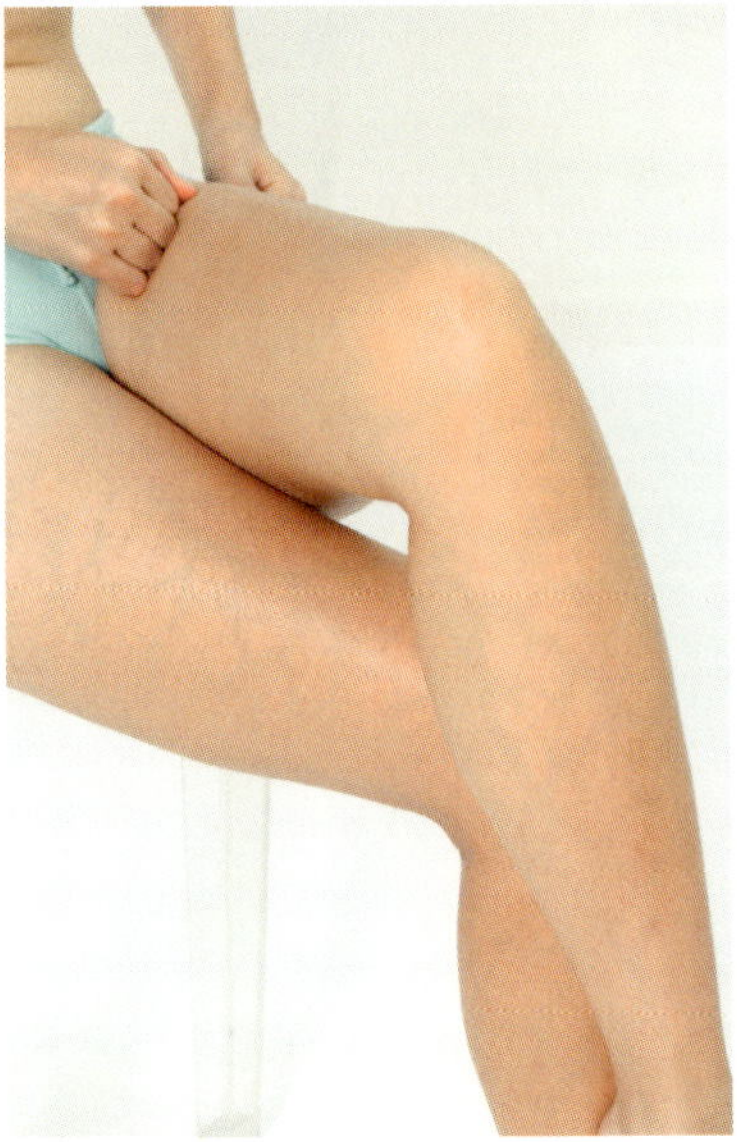

3 反対の脚も同様に行う。

work 6

きゅっと上がった桃のようなヒップを作る

ヒップの位置を高く、丸みのある形に整えて、理想的なヒップを作る。

ヒップの上にある仙骨のまわりをリラックスさせ、リンパを流す。

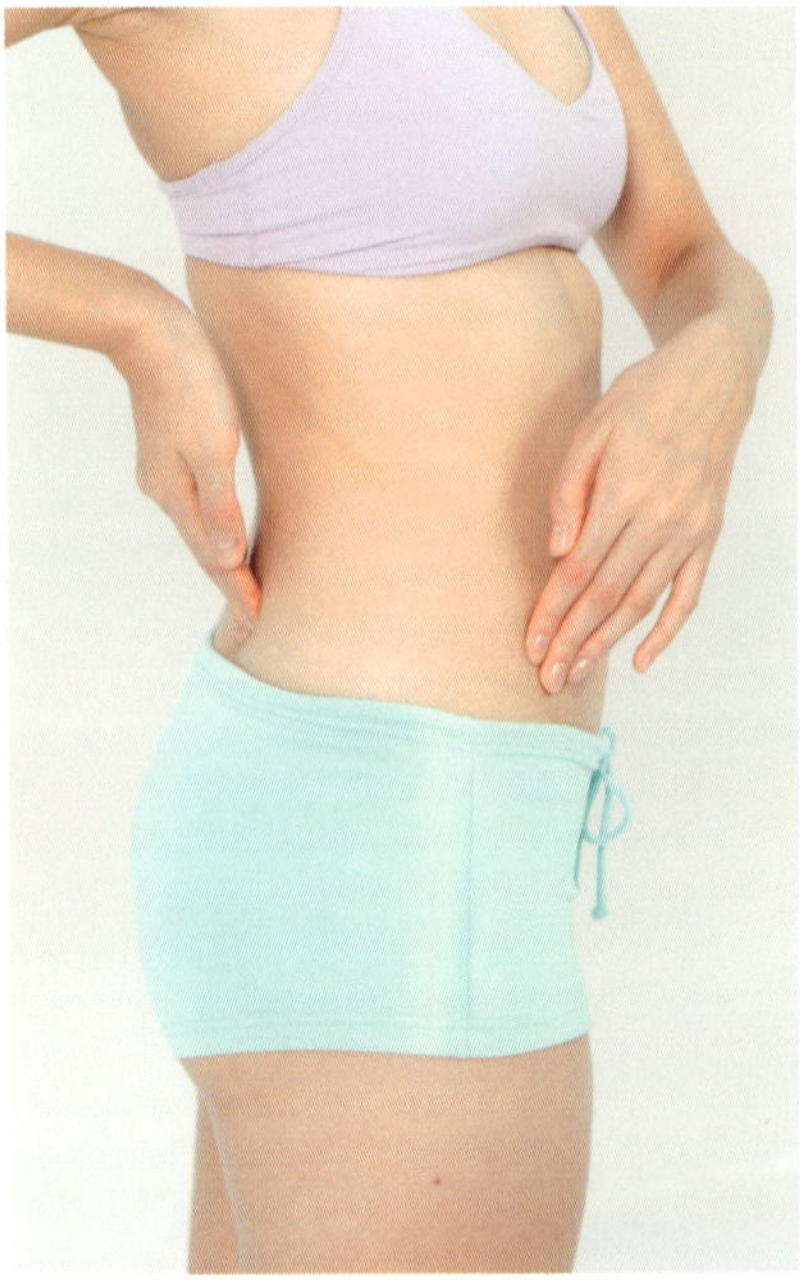

1 立った状態で行う。腰骨と、仙骨の▽型上部を両手でサンドして動かし、骨のまわりにある老廃物を流す。1分ほど行う。反対側も同様に。

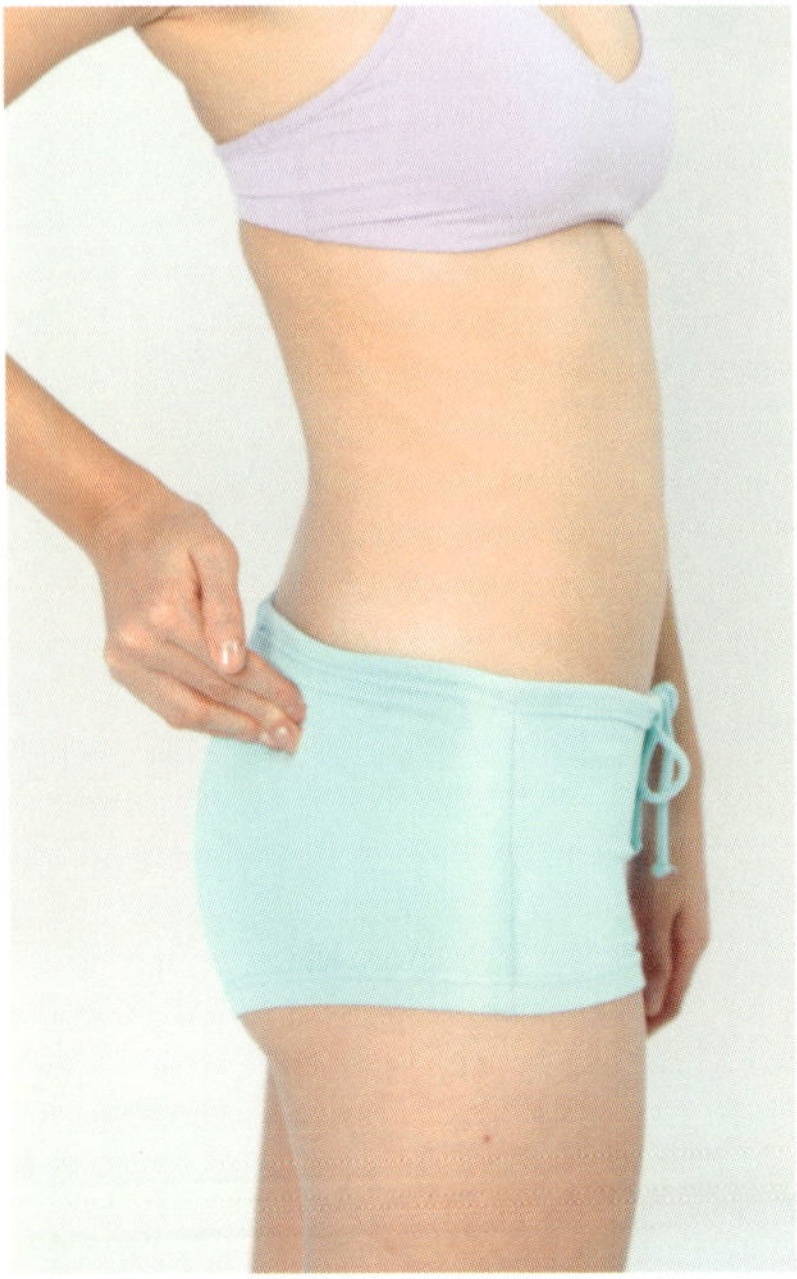

2 4本の指で、仙骨の▽型の側面の肉を反対側に引き上げる。ヒップの肉がギュッとつまるようなイメージで行う。30秒ほど行う。反対側も同様に。

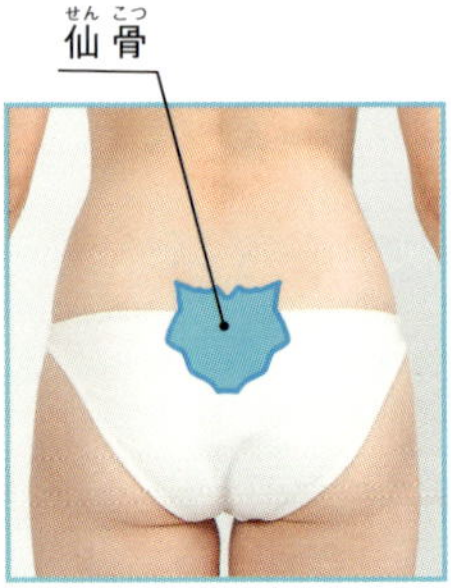

ヒップラインを引き上げ、丸く盛り上がった形に整える。

1 太もものきわのヒップラインを、手のひらのつけ根を使って反対のお尻の方向にぐっと引き上げ30秒ほどとめる。

2 反対側も同様に行う。

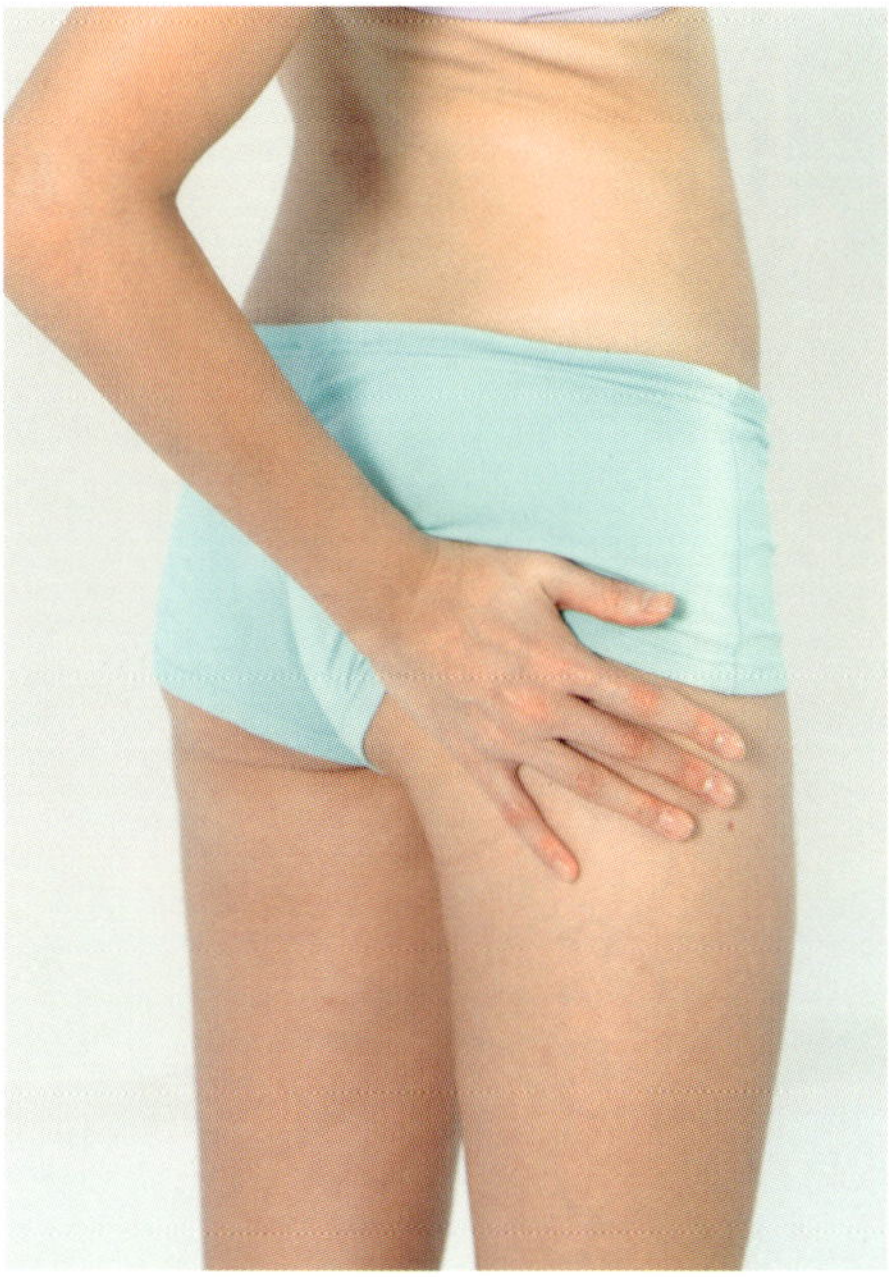

work 7

沐浴のメンタルケアで、あなたを輝かせる

気分をクリアにし、心地よく「美のためのイメージ」をする。

心身を穏やかに保ち 内面から輝くための セルフヒーリング

ヴィーナスメソッドのしめくくりとしてご紹介したいのが、心のケアです。リラックスした状態で心を穏やかにし、忙しい毎日の中でためこんだストレスや疲れ、ネガティブな感情をスッキリと出すことで気分をクリアにしていきます。さらに自分の中に光をとりこんで、オーラまでも輝く女性をめざしましょう。

1 椅子に座り姿勢を正して両脚を肩幅に開きます。両手を太ももにのせ、手のひらを上向きにします。

2 疲れたもの、ネガティブな感情を出していきます。

3 頭のてっぺんからゴールドの天の光が体内に入ってきます。

4 そのまま呼吸が整い、気分が落ち着くまでゆっくりとした呼吸を繰り返します。

5 落ち着きましたら、意識を上にもっていき次元の違うとてもクリアで安心できる場所に移行します。

6 そこは穏やかで美しい場所です。そして目の前にきれいな湖があり、太陽の光でキラキラと湖面は輝いています。沐浴《もくよく》ができるのはあなただけです。ここは若返りの湖なのです。思う存分沐浴をして楽しんで心地よさを感じてください。そして自分の体の隅々まで光が入ってくるイメージをしてみてください。

ヴィーナスメソッド体験

Before / After
1回でも、変化がわかる！

毎日続けていくうちに思い描いたラインが定着していく。
ヴィーナスメソッドはまた、
瞬時に効果が得られるのも大きな特徴です。
今回はおふたりの方に気になる部分をうかがい、先生が集中ケアを指導。
その変化を公開します。

「こんにちは。本当にすらっとして美しいプロポーションですね。こんな素敵な体でも何かお悩みはありますか？」という先生に、「もちろんあります！」と即答したモデルの斉藤さん。人からはわからない程度ですが、実は脚のつけ根の外側が少し盛り上がっているのが気になっていたそうです。「ここをスッキリさせることはできるでしょうか？」という斉藤さんに、先生は「もちろんです。側面の肉を背面に移動すればいいのです。きれいな脚が、もっときれいになりますよ」とにっこり。さらにバストをもう少し盛り上げたいという希望もヴィーナスメソッドで実現できるとのこと。胸のまわりの疲労物質をはがしてリンパを流し、おなかまわりから上に向けてお肉をぐぐっと持ち上げるバストアップ&ボリュームアップのワークを先生がしっかりと伝授。いよいよセルフケアにチャレンジです。さて、どういう変化があらわれたでしょうか。

太ももの側面がスッキリとし、バストがふっくら盛り上がりました。

太もも

つけ根の肉を背面に移動し、よりスッキリ、まっすぐ伸びた美脚に。

ひざ

ひざのまわりの肉を削り、スッキリとシャープな印象の大人のひざに。

ふくらはぎ

膨らみの位置を高く、全体を立体的に整え、どこから見ても美しく引きしまった円柱形の脚に。

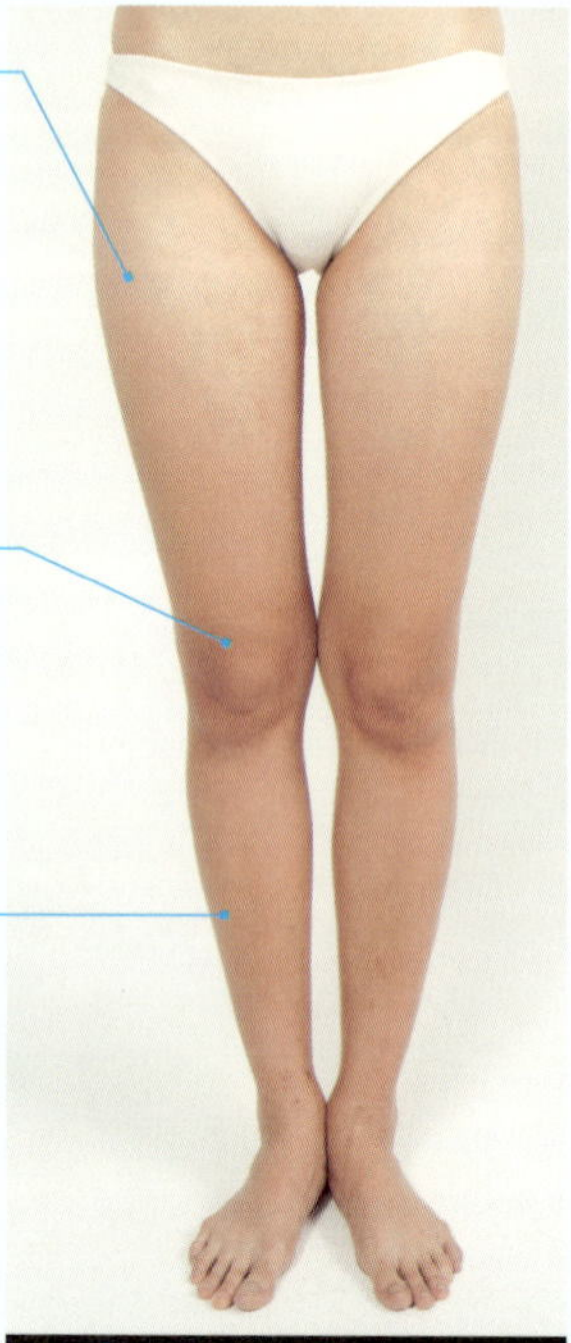

After

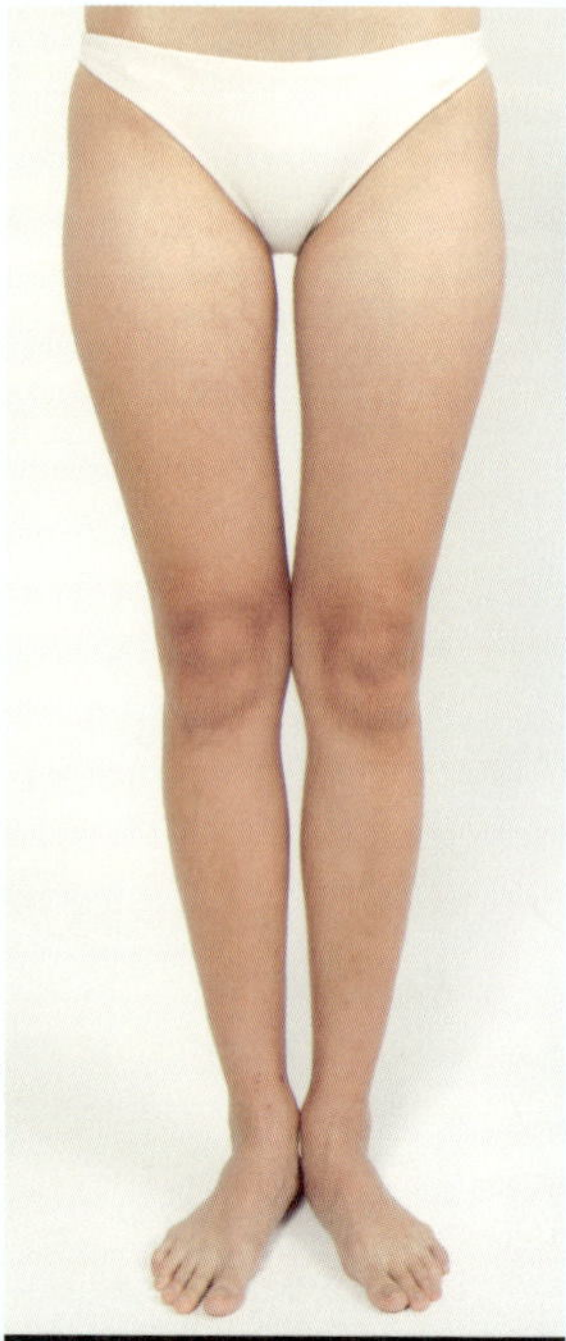

Before

バストの形

広がりをおさえ、こんもり盛り上げて理想的な形に。わきや背中の肉も胸に持ってくるのでボリュームもアップ。

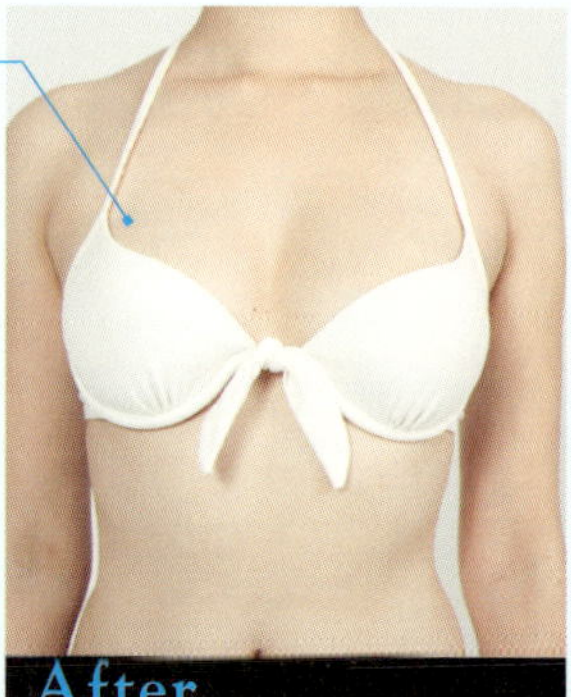

After

Before

骨盤を調整して腰まわりを引きしめて。
脚のラインもまっすぐに近づきました。

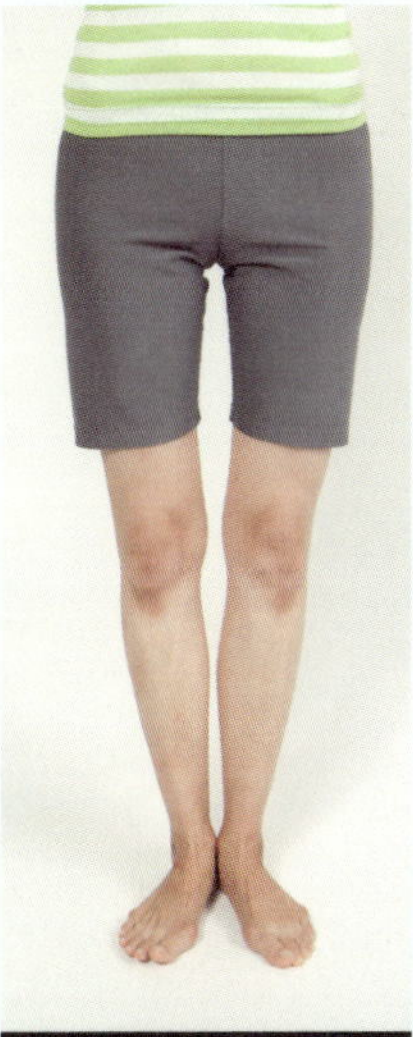
After

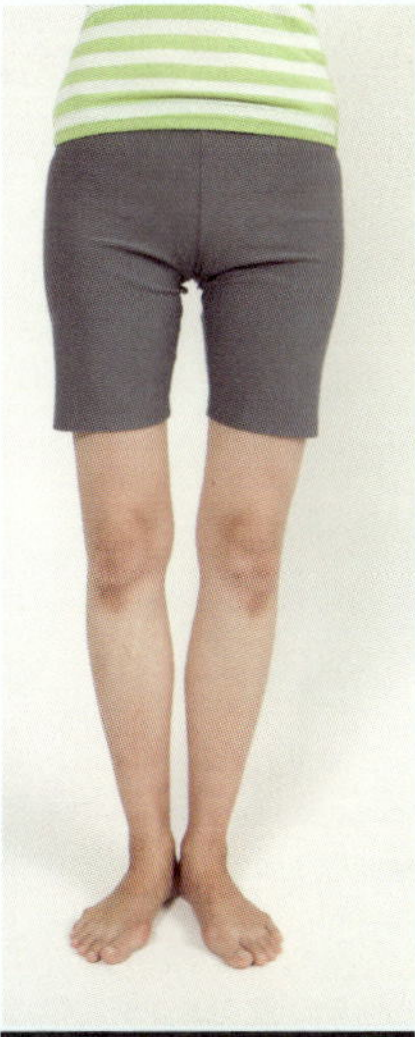
Before

After

Before

After

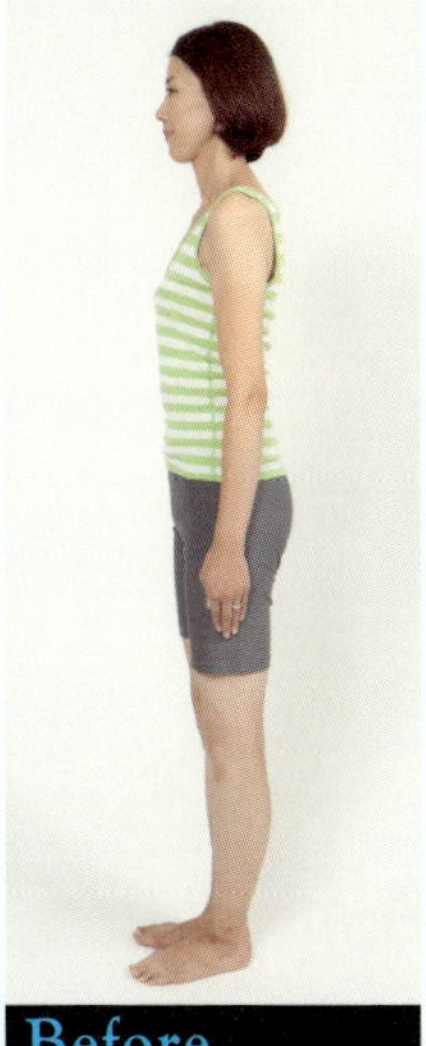
Before

「もともとひざの間が開いていたのですが、出産後は骨盤が開いて腰まわりの形も変わってしまったように思います」と先生に悩みを打ち明けたモニターの服部さん。それに対して「骨盤は体の要であるだけに、そこを調整すれば周囲のゆがみもなおしていくことができ、体型を戻すことも可能です」と先生。ワークを1回行うだけでも効果があるので、続けていけばかなり腰まわりをスッキリさせることができるそうです。また服部さんは、重心がやや後ろに行っているように見受けられましたが、それも骨盤の調整で改善。ワークのケア後は、まっすぐな美しい立ち姿を披露してくれました。

プラスαのケアで、もっと美しく！

ヴィーナスメソッドは基本的に手技のメソッドですが、
理想のボディを立体的に作るセルフケアを、
さらに効果的に行うためにおすすめできる
そのほかのケアをご紹介します。

ボディ用トリートメント機器によるケア

片山マイコのおすすめケア

老廃物のつまりを流し むくみをとって しなやかでハリのある体に

ガルバニック電流は、エステ業界では古くから使われている直流電流です。今から30年近く前のこと。出産によって妊娠線ができてしまい、業務用ガルバニック電流をモニター体験したことがあります。数回あてた結果、おなかの半分の妊娠線は目立たなくなり、あてなかった半分は残ったままに。そんな経緯があり、ガルバ電流のボディ用機器が発売になるのはとてもうれしく思います。美顔器のように小さく、手軽にセルフケアができる初めてのボディ用トリートメント機器。これを使うとリンパの流れや血行がよくなり、肌にハリが出る効果が期待できます。ひざの痛い人、肩こりのひどい人にもおすすめ。

参考商品／genLOC® ガルバニックボディスパ（2013年3月発売予定）
お問い合わせ／jarzyna（有）ヤジナ ☎03-5772-8477

青いチューブのボディジェル（ボディ用保湿ジェル）を１カ所に500円玉分くらい塗り、ボディガルバのスイッチを入れて、部位にあてて使用する。白いチューブのボディ用乳液は、ボディガルバのあとに使用すると肌のキメを整える。

1 老廃物のつまりを流す

準備：頸部リンパ節、わきの下の腋窩《えきか》リンパ節、鼠蹊《そけい》リンパ節（左右の脚のつけ根）、腹部リンパ節（おへその上下）など、ケアしたい部位に近い大きなリンパ節にガルバをあて、リンパの流れをよくしておく。首の頸部リンパ節や肩、腕のつけ根の背中側にあてておくとスッキリする。毎日数カ所ずつローテーションして行うとよい。1カ所５～10分。

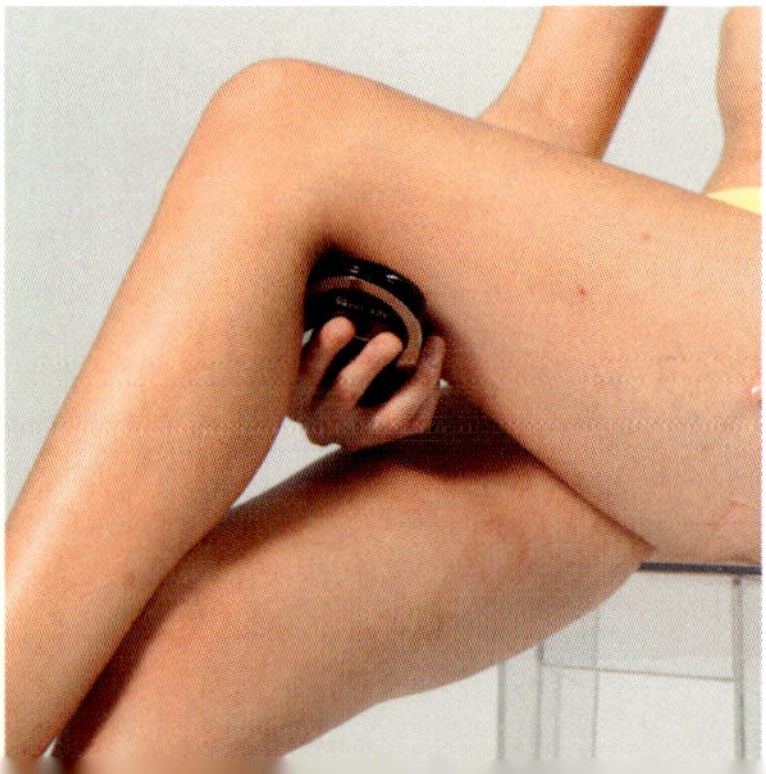

2 二の腕をスッキリさせる

わきの下の腋窩リンパ節に5分あてておく。腕を上げ、もう一方の手でガルバを持ち、ひじの内側からわきの下へ向けて滑らせる。円柱の全周を滑らせていくイメージで、ひじから肩に向けて行う。外側を滑らせるときは反対側の肩に手をおいて。両腕を行う。各5〜10分。

3 ウエストラインを出す

おへその上下の腹部リンパ節に 5 分あてておく。腰の上部から腰骨に向かってゆっくり滑らせる。わき腹からあばらに沿いバストの中心に向かってゆっくり滑らせる。わき腹から斜めに下り、おへそを折り返し点にしてわき腹まで戻る。反対側も同様に。各5〜10分。

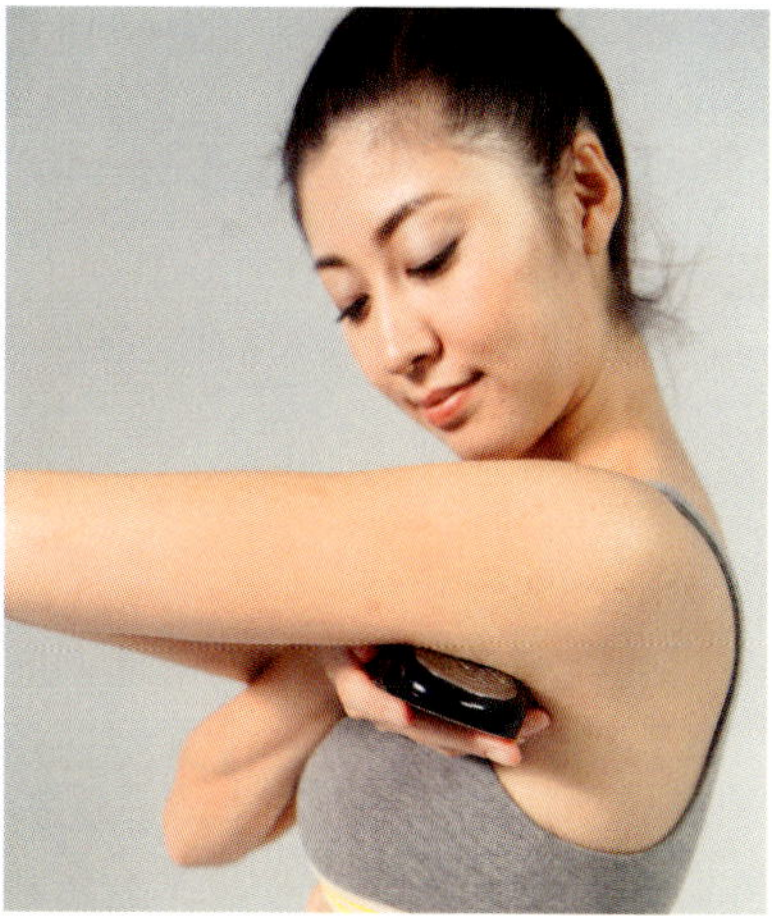

4 バストをアップしハリを出す

わきの下の腋窩リンパ節に5分あてておく。わきの下から鎖骨方向へ斜め上に滑らせる。わきの下からバストの周囲をまわり、胸の中心までゆっくり滑らせる。反対側も同様に。各5〜10分。

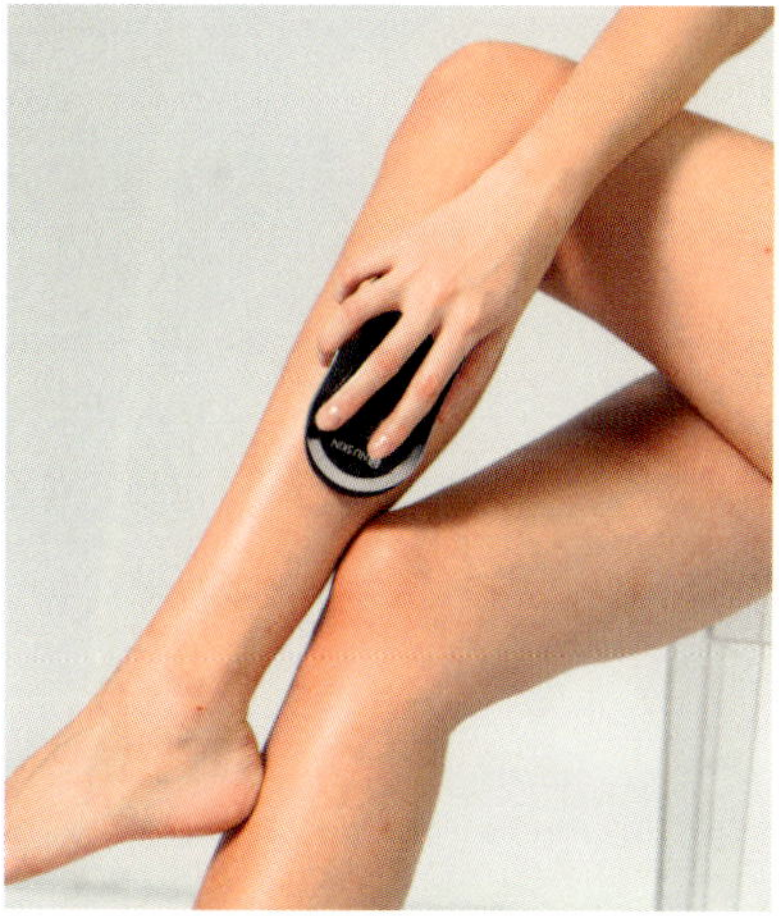

5 脚のむくみをとる

ひざの裏側のリンパ節に5分あてておく。円柱の全周を滑らせていくイメージで、足首からひざの方向に滑らせる。同じくひざから太ももの方向に滑らせる。両脚を行う。各5〜10分。

美しさのために続けていること

入浴の楽しみ

塩と重そう、季節の香り

浄化のために、バスタブに粗塩・重そう・バラまたはフランキンセンスのアロマオイルを入れています。人のエネルギーの中に入る仕事柄、塩と重そうは欠かせません。重そうを使用し始めた頃の、お風呂上がりの軽い感じをよく覚えています。重そうで髪を洗うと、さらっと軽くやわらかになるのもうれしい発見でした。若返り効果が期待できるバラの花弁入り岩塩も気に入っています。

　また四季折々に季節感を感じるものを入れて楽しみます。若葉の季節の青々とした菖蒲は気持ちも元気になるように感じます。ミントは夏の暑いときにほてりをしずめ涼やかに。冬の柚子やみかんは、香りもよく体を温めてほっこりとさせてくれます。お肌がなめらかになると聞いてはちみつを入れましたら、気分がとろけるように思えました。自分を少し甘やかしたいときにいかがでしょう。

　日本のお風呂文化は、体、心、目、そして嗅覚まで満足させてくれます。この国では、やはり美人はお風呂から作られるのかもしれませんね。

その時々に手に入る純粋なはちみつを大さじ2～3杯湯船に入れてなめらかなお湯に。中央の瓶はバラの花弁入り岩塩。右の皿のピンクの塩は還元作用のあるヒマラヤの岩塩。隣の白い山は重そう。

大好きな"自然の美容食"

ドライフルーツ&ナッツ

神様からの贈り物とも不老長寿の果物ともいわれるイチジクは、私の一番好きな食べ物。ペクチンという食物繊維を含んでいるため腸の働きを活発にします。生のものをいただけるのは1年のうちほんのわずかですので、私はその時期をとても楽しみにしています。

以前私のイチジク好きをご存じのお客さまから、佐賀の黒ダイヤと称されているイチジクをいただきました。フランス産のイチジクを、さらにおいしくなるように愛おしんで育て上げたことがひと口でわかるお味でした。

旬が過ぎますと、ドライフルーツのイチジクをそのままいただいたり、また料理に、簡単なオードブルにと活躍してくれます。そのほかにも、ローストしていないアーモンド・くるみ・カシューナッツ・松の実を日々いただいています。なかでもくるみは健康と美しさに欠かせないオメガ3脂肪酸を豊富に含み、しかもお手軽にいただけるおすすめの美容食です。

イチジクとナッツを入れたケーキをよく作ります。なんと炊飯器で簡単に作るレシピですが、深い味わいでみなさまに好評です。

片山マイコのサロン「イリージァン.」

天使のいる場所

ELYSIAN.には「極楽のような」という意味があり、語源となっている神話によると、神と一緒に住める、善男善女が集まる丘があるということです。そんな名前をつけた私のサロンには、天使好きの私が集めたものやお客さまからのプレゼントなど、たくさんの天使が集まってきました。サロンを心地よい場所として、いつも天使が見守ってくれているように感じて感謝しているのです。そしてやさしい顔の天使たちは、お越しになるお客さまのお気持ちを癒してくれていると思っています。

セラピストとして、たえず心まで浄化することを心がけ、自分をクリアに保つよう努めています。自分のことはひとまず横におき、今いるお客さまに集中してその方の美しさ、よさを出していき、心の重荷を軽くするようにサポートすること。腹をすえて動じることなく天とつながりながら仕事ができたら……と思っています。

エネルギーワークについて

たとえば建築物でも最初はイメージからスタートします。何階建ての何風とか、その中にこんなものを、とか。そのあと具体的な設計・施工などが始まります。つまり最初にイメージを持った時点から、もうそこにエネルギーが生じているということです。そしてエネルギーを先にとらえてから物理的な事柄を進めていくと、よりよい効果、さらに期待以上のものもときとして生まれる、というのが私の実感です。私たちの体は、小さくしていくと素粒子です。素粒子はたえず動き、それ自体がエネルギーなのです。自分の施術にエネルギーワークを加えて長い時間が過ぎましたが、いつも思うのは「効果が早い」ということです。

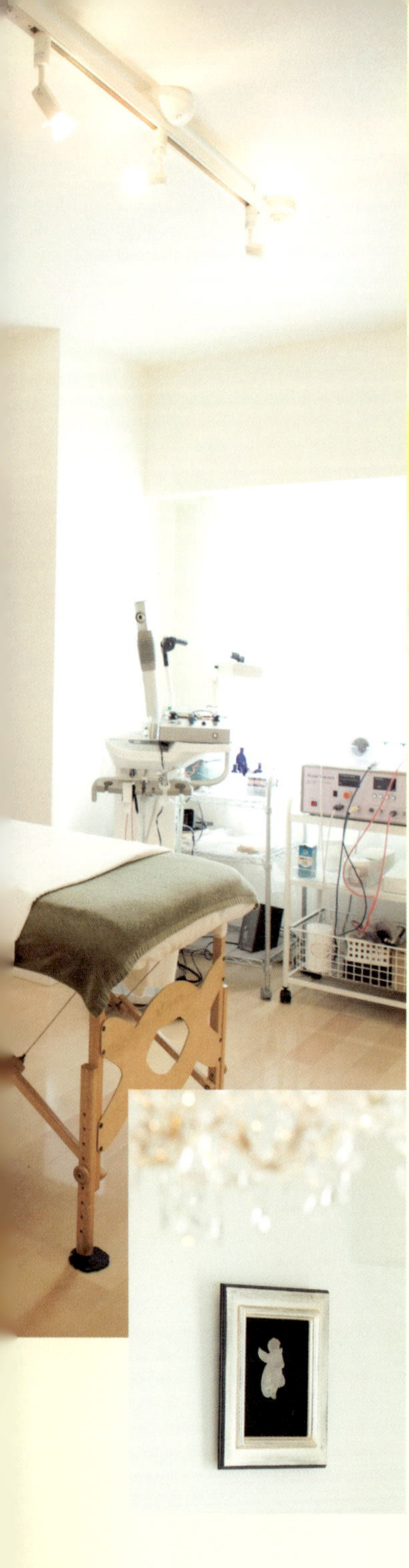

体と心のセンタリング

　立ったとき、座ったとき、すべてセンタリングができていると美しい。そして自身もラクに感じるようになります。またこのセンタリングの感覚が身につくと、体の中央に心地よい緊張感で1本筋が入ったような感覚を得ることができ、ボディバランスがよくなります。

　センタリングとは文字通り、自分の体の中心軸を合わせることです。特に歩くときは、体の真上の中空から頭のてっぺんにつないだ糸で体を引き上げられているようイメージしながら、センタリングを意識してください。

　具体的には、体の一番重要な部分である腰が正常な位置と状態になっていることで、姿勢がよくなりセンタリングしやすくなります。

　意識においては、中心に心があること、ブレない心とでもいうのでしょうか。

　最近のベストセラーになった本で、いらないものは捨てて、スッキリと生活するという物質の整理が話題になっています。物質だけでなくためこんだ感情も見つめ、手放してよい感情には「さようなら」をして、背中が重くなり曲がらないためにも人生の荷物は背負わないようにしましょう。

仙骨は体の要

骨盤は人の体を支える大切な場所。その骨盤の要となっているのが仙骨《せんこつ》です。仙骨とは、背骨の一番下にある逆三角形の骨です。その両わきに耳のような形をした腸骨があり、真ん中の仙骨と左右の腸骨で骨盤を形成しています。日本語で「仙人の骨」と書かれるこの骨は、英語ではセイクラム(sacrum=sacred bone「聖なる骨」)と呼ばれ、不思議な力を持つ骨といわれてきました。またラテン語では「聖所」という言葉を語源とする名前で呼ばれる特別な場所なのです。

仙骨は背骨を支えている中心土台の骨ですが、生活習慣のクセなどで「ゆがみ」が生じていきます。それがお顔のゆがみの原因になったり、肩こり、腰痛、冷え、便秘など体の不調にもつながっていきます。マッサージなどでなおしていく以外に、日常生活の中でも、ちょっと骨盤を意識してみてください。たとえば椅子に座るとき脚を組まないでまっすぐに座るようにしていくだけでも、毎日続けていけば少しずつ体がラクになっていくと思います。

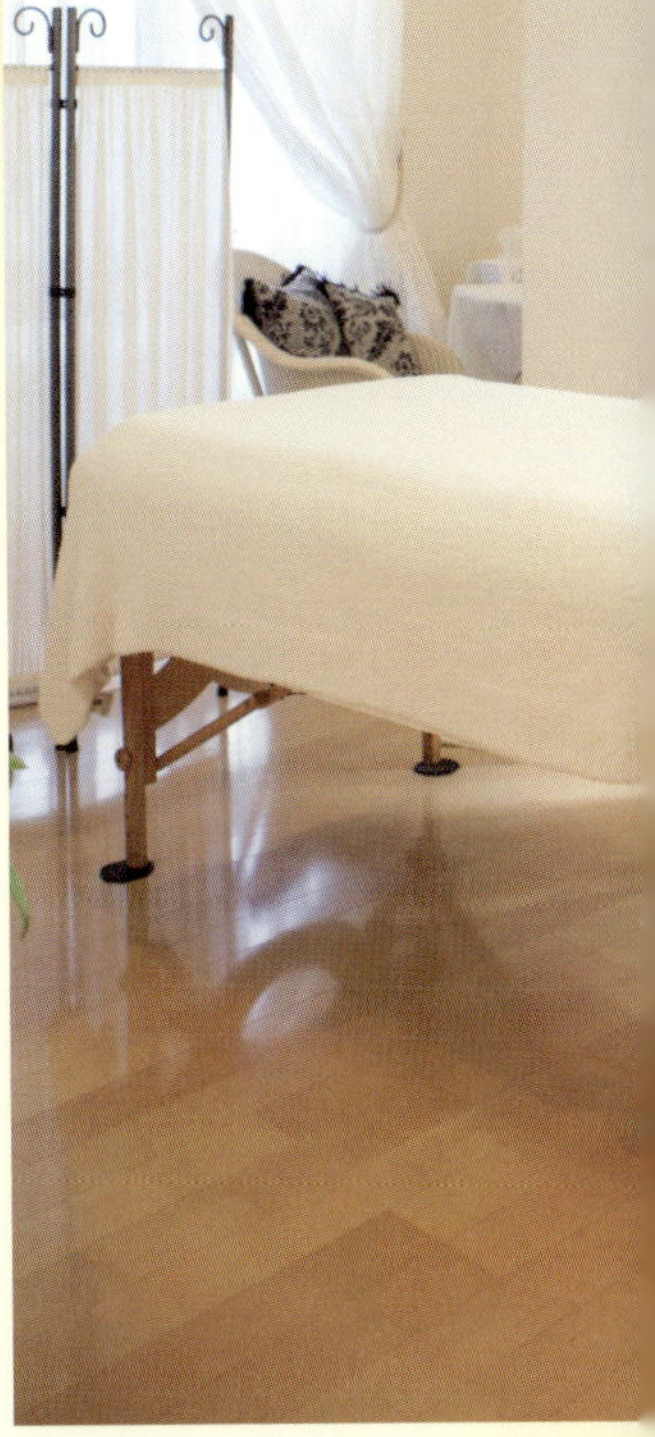

ELYSIAN.(イリージァン.)
☎ 03-5459-4043
東京都渋谷区猿楽町 9-8
レジディア代官山猿楽町 313
■ 定休日／水・木
■ 営業時間／11:00 ～ 19:00
■ セラピスト講座／受講生募集中

『ELYSIAN.』イリージァン.

1996年に西麻布にオープンし、現在は閑静な代官山に居を構えるイリージァン.。女性誌に数多くとり上げられ、隠れ家サロンというご紹介をいただいています。

2004年からはサロンユースの化粧品開発を開始。西洋と東洋の技術とワーク、ヒーリングをセレクトして融合し、オーラまでも美しくし、エネルギーを高めるセッションを行っています。

たとえばお顔は造作がよりはっきりし立体的に引き上がったフェイスラインとなるよう美しさの底上げを。ボディはセンタリングして姿勢と身のこなしを美しく、ボディラインを立体的にスッキリとバランスのいい状態にしていきます。ともに細胞が喜ぶような幸せ感を感じていただけるでしょう。

また、ビューティー講座では、だれでも簡単にご自分でケアができる内容をご紹介しています。2008年に開設し、毎回受講生から驚きを持ったあたたかい支持を受けたのが継続の力となりました。そして講座からよりすぐった内容が、このDVDに収められているヴィーナスメソッドです。映像だけでおわかりいただけるように努めていますが、細かな事柄、伝えきれていないことなどはまたの機会をお与えいただければと望んでいます。今後はサロン外にも意欲的に講座を広め、オープンな講座展開をはかってまいりたいと思います。

片山マイコ

■ビューティー講座お問い合わせ／☎ 03-5459-4043
http://www.elysian.co.jp/

ヴィーナスメソッドが生まれるまで

〈自分の体と向かい合う〉

20代後半に妊娠・出産、その期間で腰まわりがすっかり厚くなり、そのまま時の経過とともに肥大化した部位がさらに堆積した状態となりました。しかし、当時マスコミをはじめお客さま方から「駆け込み寺」と評されていた私のサロンには、きれいになりたい！この疲れもなんとかして！という方が次々お見えになりました。そんなわけで仕事中心の生活となり、サロンワークに没頭しているうちに時間がどんどん過ぎていました。もちろん自分の疲れと代謝の低下も十分に感じていましたがどうすることもできず、もう少ししたら体を鍛えていきましょう……と自分に言いわけをしながら先延ばしにしていました。とはいえ忙しい仕事の合間に鏡を見ると、そこには「年齢とともにこんなに体は変化するの⁉」という心の叫びが体中にこだまするくらいの、見たくない、認めたくない自分がはっきりと映って容赦ない現実をつきつけてきます。なんとかしなければ……と思うばかりで結局何もできないまま、さらに月日は流れました。

*

そして5年前、私は突然顔面神経麻痺に見舞われました。麻痺を克服するためさまざまな治療を夢中で試みるうち8カ月が過ぎた頃。あるお客さまからパーソナルトレーナーを紹介され、体のほうも週2回、1時間ずつのトレーニングを行うことになったのです。

なぜ顔面の治療をしている最中に体までトレーニングを？と思われるかもしれませんが、私にとっては自然な流れといいましょうか、崖っぷちになって、やっと〝自分ケア〟にしっかり目を向けるようになったのです。やるからには3年はやろうと自分に誓い、一生懸命トレーニングを続けました。効果として体力は向上したと思いますが、腰まわりや二の腕などはなかなか改善されないまま……。気になる部位を自分でむんずとつかんでは、なんとかならないものかしら？と自問し続けていました。

＊

そんなある日のことです。私が行うお体の施術の中にウェルネスボディバランシングとボディメーキングというものがあるのですが、「このケアを自分にしていけば効果が出るはず」と思いついたのです。そもそも施術は人に行うよう考えられているため、まったく同じに自分に行うことは難しく、また人にするほど長時間することもできません。そこで「非常に短い時間で簡単に自分ででき、きちんと効果が出る方法」を工夫しようと考えました。その後、試行錯誤を繰り返し、瞬時に行える手技・美ボディメソッドを完成。それ以降今日まで、このメソッドをサロンのビューティー講座でお伝えしてきました。そして講座を行うたびに、多くの受講生の見事な変化に自信をあらたにしております。

＊

神話や映画の中で輝く女神たちのように、今を生きる私たちが、自分の人生の中でイキイキと生命エネルギーを輝かせ、自分のまわりから家庭、社会、そして世界中にポジティブな美のパワーを広められたら、世の中はどんなふうに変わっていくでしょうか。

そんな世界を実現するために、かけがえのないひとりひとりが魂から輝けるようお手伝いができたらと、私はずっと考えてきました。

あなたのエネルギーを上げて美しさを底上げし、エネルギッシュに輝くその姿がまわりにプラスのエネルギーを波及させる……ヴィーナスメソッドで、そのお役に立つことができれば光栄に思います。

美容彫刻家
片山 マイコ

DVDの使い方

DVDをご使用の前にお読みください

本書でご紹介している“ヴィーナスバイブル”美ボディメソッドは、
DVDでも見ることができます。DVDには片山先生の解説と、
先生の指導によりモデルが自分で丁寧にワークを行う動画を収めました。
パートごとに解説のテロップも出ますので、
モデルの動きを文字でも確認しながらしっかりと学ぶことができます。
本書とあわせてご活用ください。

DVDのトップメニューでは、先生の解説を含むすべてのパートの再生と、パートごとの再生をセレクトできます。慣れてきたらよく覚えられなかったパートだけを繰り返して見るなど、効率のよい方法でお使いください。

DVDプレーヤーにセット

▼

トップメニューから見たいパートをセレクト

先生の解説からヴィーナスメソッドの各ワーク、エンディングまでのすべてを通して見ることができます。

“ヴィーナスバイブル” ― BODY編 ―

■PLAY ALL

■ヴィーナスメソッド／基本となる5つの手法
■始める前の準備／骨盤を整える

■毎日3分のワークを続けて理想のボディラインを定着させる
■Work1 バストを立体的に盛り上げる
■Work2 魅惑的なくびれを高い位置につくる
■Work3 二の腕を引き締める
■Work4 まっすぐな美脚をつくる - 膝下
■Work5 まっすぐな美脚をつくる - 太腿
■Work6 きゅっと上がった桃のようなヒップをつくる
■Work7 沐浴 のメンタルケアで、あなたを輝かせる

■エンディング　■プラスαのケア～ボディ用トリートメント機器によるケア～

ヴィーナスメソッドの解説、準備の骨盤運動から各部所のワークまで、好きなパートだけを選んで見ることができます。

DVD 使用上の注意

【ご使用前にお読みください】
この DVD-Video は、私的視聴に限って販売されています。著作権者に無断で複製、改変、放送（有線、無線）、インターネット等による公衆送信、上映、レンタル（有償、無償を問わず）することは、法律によって禁止されています。

【ご注意】
■この DVD-Video は、DVD 規格に準じて制作されています。必ず DVD-Video 対応のプレイヤーで再生してください。DVDドライブつきPCやゲーム機などの一部の機種では再生できない場合があります。すべてのDVD機器での再生を保証するものではありません。
■ DVD-Video は、映像と音声を高密度に記録したディスクです。再生上のくわしい操作については、ご使用になるプレイヤーの取り扱い説明書をごらんください。
■ディスクの両面とも、指紋、汚れ、傷等をつけないようお取り扱いください。ディスクが汚れたときは、メガネふきのようなやわらかい布で内周から外周に向かって、放射状に軽くふきとり、レコード用クリーナーや溶剤などは、ご使用にならないでください。
■ひび割れや変形、また、接着剤などで補修したディスクは危険ですし、プレイヤーの故障の原因にもなります。ご使用にならないでください。

【保管上のご注意】
■直射日光の当たる場所や高温多湿の場所には保管しないでください。ご使用後は、必ずプレイヤーからとり出し、ケースに入れて保管してください。

【視聴の際のご注意】
■この DVD-Video を視聴する際には、明るい部屋で、なるべく画面より離れてごらんください。長時間続けてのご視聴は避け、適度に休息をとるようにしてください。

【図書館の方へ】
■この DVD-Video は映像などの著作物を含むため、館外への貸し出しはお断りします。

【DVD-Video の動作に対するお問い合わせ】
DVD サポートセンター ☎ 0120-93-7068
（土・日・祝日を除く 10:00 ～ 17：00）

55min	COLOR	片面 1 層	無断公開不可	レンタル禁止	DVD VIDEO	Pressed in Taiwan DOLBY DIGITAL	4:3	2 NTSC日本市場向	複製不能	日本語

DVDつき

ヴィーナスバイブル 美《び》ボディメソッド

著者 片山《かたやま》マイコ
発行者 荻野善之
発行所 株式会社主婦の友社
〒101-8911 東京都千代田区神田駿河台2−9
TEL03-5280-7537(編集) TEL03-5280-7551(販売)
印刷所 大日本印刷株式会社

ISBN978-4-07-286663-4

■乱丁本、落丁本はおとりかえします。お買い求めの書店か、
主婦の友社資材刊行課(TEL03-5280-7590)にご連絡ください。
■DVDの動作に対するお問い合わせは、DVDサポートセンター(TEL0120-93-7068)まで(土・日・祝日を除く10:00〜17:00)。
■内容に関するお問い合わせは、主婦の友社書籍・ムック編集部(TEL03-5280-7537)まで。
■主婦の友社が発行する書籍・ムックのご注文、雑誌の定期購読のお申し込みは、
お近くの書店か主婦の友社コールセンター(TEL 0120-916-892)まで。
＊お問い合わせ受付時間 土・日・祝日を除く 月〜金 9:30~17:30
★主婦の友社ホームページ http://www.shufunotomo.co.jp

す-022801

STAFF

企画・アートディレクション/岡本裕子
DVDディレクション/手塚亮史
編集/jarzyna
編集デスク/前田起也(主婦の友社)
構成・文/伊藤素子
デザイン/岡本裕子+jarzyna
イラスト/大西純

モデル/斉藤千佐子(FOLIO)
撮影(S)/廣江雅美
スタイリング/多田えつ子
ヘア&メイク/藤田直緒(CLIP)
モニター/服部陽子
スタジオ/daylight studio nakameguro